EN ALGÉRIE

SOCIÉTÉ ANONYME D'IMPRIMERIE DE VILLEFRANCHE - DE - ROUERGUE
Jules Bardoux Directeur.

EN

ALGÉRIE

TROIS MOIS DE VACANCES

PAR

F. KOHN-ABREST

PARIS

LIBRAIRIE CH. DELAGRAVE

15, RUE SOUFFLOT, 15

—

1884

EN ALGÉRIE

I

DÉPART DE MARSEILLE. — LE « MŒRIS ». — LA TRAVERSÉE. — MAHON ET LES ÎLES BALÉARES. — LE PASSÉ DE L'ALGÉRIE. — DOMINATION CARTHAGINOISE, ROMAINE, VANDALE, BYZANTINE ET MUSULMANE.

La *Joliette*, comme le port de Marseille, mérite bien ce nom coquet et charmant quand le beau et doux soleil d'octobre qui dore le faîte des maisons, fait étinceler la chapelle de Notre-Dame de la Garde et miroiter de mille paillettes la surface bleue et unie de la Méditerranée. Ici toute chose se présente agréablement et sous sa face *jolie ;* les sentiments fâcheux, les appréhensions qui, d'ordinaire, assiègent le voyageur quand il est sur le point de se confier à la mer, ne peuvent prévaloir dans le décor marseillais, au milieu de la transparence de l'atmosphère provençale ; les adieux même aux siens et aux amis n'ont rien de pénible ni

1

de douloureux. Ce n'est pas un voyage qui se prépare, mais une promenade, une promenade de trente-quatre heures. Cette impression devient tellement vivace, que l'on est un peu étonné de l'entassement de gros ballots, de caisses gigantesques, de colis pesant cent kilos et plus, que les crics enlèvent vigoureusement sur le quai, pour les déposer sur le pont du *Mœris,* un des plus beaux bâtiments de la Compagnie des messageries maritimes, qui, en dépit des concurrences et des rivalités suscitées depuis quelques années, tient toujours la tête pour le confort et la rapidité des transports. Il semble qu'une valise à main devrait suffire...

A peine la cloche du beau navire a-t-elle donné le signal du départ; à peine celui-ci a-t-il dépassé le *Frioul,* qu'une nouvelle sonnerie se fait entendre : elle appelle les passagers pour le premier repas fait à bord. On avance un peu l'heure, c'est dans l'intérêt des voyageurs. Un peu plus tard, beaucoup peut-être seraient dans l'impossibilité de faire honneur à la cuisine du maître coq, car la traversée du golfe du Lion est toujours houleuse, et par conséquent périlleuse pour les estomacs délicats. La tablée est longue et, de plus, variée. Pas besoin n'est de dire que les enfants de la blonde et perfide Albion n'y manquent pas ; deux ou trois familles entières vont passer l'hiver à Alger, tandis que les Français en quête d'une villégiature hivernale s'arrêtent de ce côté du grand lac bleu et ne dépassent pas Cannes ou Menton. Outre ces smalas, nous avons deux *gentlemen* voyageant

Liou apprivoisé voyageant à dos d'âne.

seuls en chasseurs amateurs pour tuer quelques lions,
à moins qu'ils ne soient eux-mêmes dévorés par *sidi*
à la grosse tête. L'élément militaire est fortement
représenté, comme toujours, à bord des navires faisant le service entre l'ancienne France et la nouvelle ; car il y a toujours un va-et-vient considérable
de changements de garnison, de permutations, sans
compter les missions plus ou moins justifiées qui font
voir du pays aux jeunes officiers d'état-major aux
frais de l'État. L'occupation de la Tunisie a donné
depuis plusieurs années une impulsion nouvelle à ces
déplacements militaires, et il est rare qu'un navire
lève l'ancre, soit à Alger, soit à Marseille, soit à Oran,
sans qu'une ou plusieurs places de cabine aient été
retenues par des « grosses épaulettes ».

Parmi les convives de la table d'hôte du *Mœris*
se trouvait, on ne pouvait certes mieux tomber, le
commandant en chef des forces de terre et de mer
d'Algérie, le général Saussier lui-même, qui, après
quelques semaines passées dans sa famille, allait re-
prendre possession de son poste, une des plus belles
et des plus enviables situations militaires qui puissent être offertes à l'ambition légitime d'un officier[1].

Beau type de troupier que le commandant en chef !
Solidement bâti, pas très grand (de la taille d'ordonnance traditionnelle dans l'armée française), d'une
carrure massive, sans lourdeur, le visage à la fois

---

1. Depuis que ceci a été écrit, M. le général Saussier a été nommé
gouverneur militaire de Paris.

énergique et fin, avec une pointe de goguenardise
dans le pli des lèvres, de belle humeur, et aimant
à mener rondement et gaillardement les affaires du
service, le général s'accorde à merveille avec les
gouverneurs civils qui, depuis 1879, administrent la
colonie. A cette époque, lorsque le général fut chargé
de ce commandement, qui n'était plus que la seconde
place après avoir été si longtemps la première, on
ne savait pas au juste s'il serait pour le proconsul en
habit noir un précieux auxiliaire ou un rival dange-
reux. Il n'a pas fallu longtemps pour reconnaître que
le général, en républicain sincère et en patriote res-
pectueux des décisions prises par l'autorité de son
pays, inclinerait volontiers son épée devant la toge,
et se bornerait à former et à perfectionner l'armée
d'Afrique et à y entretenir cet esprit de discipline et
de sacrifice qui est plus nécessaire là-bas que partout
ailleurs. A en juger aussi par son attitude à table.
M. le commandant en chef est de ceux qui considèrent
un bon estomac comme l'indice d'une bonne conscience.

Si la réputation militaire du général est établie
depuis longtemps, sa réputation gastronomique date
surtout de la fameuse visite faite à l'Algérie en 1879
par une *caravane* de sénateurs et de députés, visite
pompeusement annoncée, exploitée par quelques po-
liticiens de profession, mais qui n'a pas eu, il s'en faut
de beaucoup, les résultats pratiques que l'on en at-
tendait.

La terre d'Alger se montra fort hospitalière pour

les membres des deux Chambres; ce fut un feu roulant de déjeuners et de dîners officiels, sans compter les innombrables lunchs engloutis dans les buffets des chemins de fer et les punchs offerts par les sociétés et les cercles. Eh bien, il paraîtrait, — cette révélation importante est due à plusieurs des participants de la caravane, — que de toutes ces agapes ce fut le déjeuner offert le jour même du départ par le général Saussier qui méritait la palme. Le cuisinier et le sommelier du brave général remportèrent là une victoire dont les convives, à l'estomac reconnaissant, chantèrent longtemps les louanges.

Le général était accompagné de deux aides de camp, tous deux des jeunes gens, dont l'un avait la figure traversée par une magnifique balafre, qui lui seyait d'ailleurs parfaitement. On aurait pu croire que le bel officier avait gagné cette blessure à la guerre; mais bientôt l'origine en fut connue : c'est un lion qui, pendant une chasse « à la battue », avait ravagé de la plus horrible façon la peau faciale du capitaine. C'est lui-même qui raconta cette lamentable odyssée, où il avait failli laisser plus que la peau de ses joues et qui prouve que tous les lions ne sont pas encore réduits à l'état de domesticité, comme ceux dressés par les derviches mendiants.

C'était dans les environs de Philippeville : selon l'usage en pareil cas, on avait organisé une véritable expédition pour mettre à mal un de ces rois des animaux qui en prenait trop à son aise avec les troupeaux et même avec les Bédouins isolés qui s'aventuraient à proximité de son domicile, que l'on devinait, mais sans le connaître exactement. Trois chasseurs, officiers tous trois, partirent, escortés par un demi-goum de cavaliers indigènes et un peloton de zéphyrs[1]. On campa dans la plaine, on alluma de grands feux, et l'on tint conseil pour combiner le cercle de fer dans lequel les goum et les zéphirs devaient envelopper le sidi à la grosse tête, pour qu'il ne pût échapper aux balles explosibles des tireurs. La conférence devait être des plus pittoresques, et les figures des Arabes, éclairées à la fois par les rayons de la lune et les reflets des feux de bivouac, auraient tenté passionnément le pinceau d'un peintre de genre.

Tandis que l'on ergotait sur les dispositions stratégiques à prendre pour le lendemain, un rugissement terrible se fit entendre, et aussitôt les chevaux y répondirent par ce hennissement qui leur est particulier lorsqu'ils sentent approcher le lion. Et en effet, tandis que les chasseurs poursuivaient le lion, le fauve, obéissant à ce rut de témérité qui lui a valu à juste titre sa proverbiale réputation, s'était mis à leur recherche. Il ne fallut pas longtemps pour pénétrer d'un bond dans le campement, dévorer un des chevaux et entamer très sérieusement deux ou trois Arabes. Les autres, surpris, s'enfuirent à droite et à gauche, tandis que les chevaux ruaient et tiraient sur leur courroie au milieu d'un inexprimable désordre. Les officiers et les zéphyrs tiraient au jugé et

---

1. Soldats des compagnies de discipline.

Types de la population d'Alger.

lançaient sur le lion, absolument furieux, les piquets
des tentes, les sabres-baïonnettes et tous les objets
qu'ils avaient sous la main. Deux hommes furent
éventrés, et en s'abattant avec une vingtaine de balles
dans le corps, le fauve trouva encore la force de marquer d'un coup de griffe l'aide de camp du commandant en chef.

Ce récit, que l'officier nous fit le lendemain sur le
pont, parut intéresser vivement les deux *gentlemen,*
désireux de cueillir les lauriers laissés par Gérard,
Bombonnel et Pertuiset. Mais, loin de se sentir décou-
ragés, les deux insulaires se frottèrent les mains en
songeant aux émotions qui les attendaient. Après
tout, c'étaient peut-être des splénétiques en quête
d'un suicide original.

L'élément civil algérien était également représenté
parmi les passagers. On pouvait juger par la vivacité
des discussions jusqu'à quel point les habitants de
la belle colonie sont passionnés pour leurs intérêts,
pour l'avenir du pays, et avec quel entrain et quelle
intensité la vie publique se développe en Afrique. Il
est rare que des colons habitant différentes provinces
et se rencontrant devant des étrangers formant galerie, ne se livrent pas à une joute oratoire sur une
des questions brûlantes qui ont le don d'échauffer
toutes les têtes et de faire couler des torrents d'éloquence et d'encre. Car l'Algérien (c'est ainsi que l'on
désigne l'Européen ou fils d'Européen établi en Algérie) a un faible pour les grands discours, il pense
que la liberté de la presse n'a pas été créée pour les

chacals et les chiens-loups. Nulle part on ne fait autant de politique et avec autant de brio. Pour le moment, nos colons du *Mœris* discutaient ou plutôt dis-
putaient à perte de vue sur le traitement auquel il
fallait soumettre les Arabes, et surtout les Kabyles des
tribus nomades, qui ne voudraient pas renoncer à
leurs habitudes de vol invétérées.

Un colon de la ville d'Alger, un notaire, était autant que possible pour la légalité et pour les règles
du droit commun. Certes, il ne demandait pas le
royaume arabe, il n'aurait pas voulu non plus céder
« ça » de plus en dehors des concessions trop nombreuses déjà accordées aux indigènes ; mais enfin,
aux yeux de ce notaire, la logique avait des droits
inprescriptibles.

Il était difficile et même choquant de revendiquer
en France les principes d'égalité, de liberté et de fra-
ternité, d'avoir toujours les droits de l'homme à la
bouche et de refuser tout droit et tout traitement équitable à des gens qui, en définitive, étaient chez eux.
Que l'on applique durement la loi, *dura lex,* mais
enfin que ce soit la loi et non l'arbitraire.

Un colon de Constantine, lui, se refusait complètement à entrer dans ces vues. Les principes de 89 et
les droits de l'homme, c'était bon à invoquer de l'autre
côté de la Méditerranée, quand on avait affaire à des
gens intelligents et civilisés, comprenant les obliga-
tions qui leur étaient imposées en échange de leurs
droits, mais non à des sauvages qui n'avaient pas accepté la domination française et peut-être ne l'accep-

teraient jamais ; dont les principes politiques se ré-
sumaient en ceci : voler et piller le plus possible.

« Eh bien, s'il y a des voleurs, fit l'Algérien, qu'on
les mette en prison. »

Le Constantinois haussa les épaules : « En prison !
Avec cela que l'Arabe et le Bédouin ne s'en moquent
pas! Être enfermés avec leurs amis et camarades, ne
pas travailler et manger, mais cela leur convient admirablement. Non, la seule peine efficace pour ces
gens-là, c'est de les expédier à Nouméa. Ah ! alors
cela changerait. Être transportés à trois ou quatre
mille lieues de chez eux sans espoir de retour, et avec
cela astreints au travail, les bons *Arbis* craignent
un semblable régime comme la peste.

—Mais objecta l'Algérien, on ne peut cependant
envoyer un homme à la Nouvelle-Calédonie pour le
vol de quelques moutons ou d'un bœuf.

— La première fois non, mais à la moindre réci-
dive, embarquez-moi ça pour la « Nouvelle », c'est
le seul moyen de dormir tranquille... Ah ! si, il y
aurait bien encore la responsabilité collective des
douars. »

Il s'agit de s'en prendre, en cas de vol ou de meurtre, à toute la tribu (ou douar), dont le criminel pourrait faire partie. De cette manière une réunion de familles arabes pourrait payer pour le délit commis par
un étranger ou même un Européen ; car il en est parmi
les immigrants qui sont aussi dépourvus de scrupules
que les indigènes les plus rapaces. On n'est pas bien
d'accord si cette responsabilité collective des douars

doit avoir pour sanction une simple amende ou l'em-
prisonnement d'otages retenus jusqu'à ce que le véritable coupable soit découvert; les discussions théoriques sur l'une et l'autre alternative peuvent d'ailleurs
se donner librement carrière, le gouvernement n'étant
guère disposé à entrer dans la voie que des colons
trop zélés voudraient lui tracer. Il se contente d'augmenter considérablement la gendarmerie locale,
composée en bonne partie d'indigènes, qui jusqu'à
ce jour était réellement insuffisante ; il étudie encore
s'il n'y aurait pas lieu de créer un corps de milice
chargé de réprimer les vols et de rechercher plus activement les criminels. Quant à la différence de vues
entre le colon d'Alger et celui de Constantine, elle
s'explique aisément. Dans la province d'Alger, Européens et indigènes font bon ménage ; la domination
française est acceptée, du moins en apparence, et
des transactions commerciales nombreuses, lucra-
tives pour les deux parties, contribuent à augmenter
encore l'aménité de ces rapports.

Il n'en est pas de même dans la province de Constantine, où l'élément indigène est représenté surtout
par des Kabyles et des Arabes nomades venant du
désert, et prêts à s'y replonger après avoir exécuté
quelques mauvais coups. Pour les Européens établis dans la province de Constantine, la plupart agriculteurs, obligés de défricher le sol, condamnés à un
dur labeur, la vie est moins facile que pour ceux d'Alger, et ils défendent avec plus d'âpreté le peu qu'ils ont.

La traversée du golfe du Lion s'était effectuée avec

un calme relatif. La houle, qui règne à l'état permanent dans ces parages, n'avait pas eu prise sur la
puissante armature du *Mœris,* qui s'inclinait à peine à
gauche et à droite, comme pour saluer en passant ce
redoutable golfe, mais sans exécuter ces terribles hauts
et bas, « de la cave au grenier, » auxquels peu de navires échappent. D'ailleurs la pureté du firmament,
constellé de milliers d'étoiles scintillantes, la douceur
tiède de l'atmosphère, traversée seulement par une
brise fort légère, montraient combien nous étions fa-
vorisés. Peu à peu le pont se vidait ; bientôt quelques
joueurs enragés veillaient seuls autour des petits guéridons du grand salon, absorbés par les péripéties
d'une partie d'écarté ou de bezigue. Les autres passagers avaient pris possession de leurs cadres, et
Neptune, décidément bienveillant, berça mollement
leur sommeil.

Le lendemain, un soleil radieux, un soleil d'été, que
depuis quelques semaines nous ne connaissions plus
à Paris, éclairait les îles Baléares, dont nous aper-
cevions distinctement les contours verts et fleuris. A
l'aide de la lunette du bord on découvrait un amas de
grandes, d'immenses maisons que dominaient des
clochers et des clochetons. On eût dit quelque fière et
superbe capitale émergeant du sein de la mer. C'est
Mahon, une des cités les plus étranges qui se puissent
imaginer. Elle fut bâtie, il y a quelque cent cinquante
ans, dans le style du grand siècle : imitation de Versailles, avec palais, cathédrale, salle de spectacle aussi
grande que l'ancien Opéra parisien de la rue Le Pele-

tier. Le maréchal de Richelieu l'entoura de remparts redoutables et y organisa des fêtes superbes. Depuis,
les palais, les édifices, sont restés, mais il n'y a plus
d'habitants, ou du moins il n'y en a guère. Lorsque le
caprice qui avait métamorphosé en résidence somp-
tueuse un amas de bicoques de pêcheurs se fut éteint,
les habitants de ces splendides bâtisses s'y ennuyèrent
d'abord — royalement, — puis ils eurent le choix ou de
mourir de faim ou de s'expatrier. Beaucoup choisirent
ce dernier parti, et ils s'en allèrent sur la terre ferme
d'Espagne ou en Algérie. Là ils ont créé, avec beaucoup d'esprit pratique, l'exportation maraîchère. C'est
aux Mahonnais établis aux portes d'Alger et sur une
assez longue distance de la route qui conduit en Kabylie, que les gourmets d'Europe doivent de posséder
sur leur table, dès la fin de février, des primeurs telles
que petits pois frais, artichauts, asperges, etc. Aujourd'hui Mahon présente l'aspect d'une superbe ville
morte, et lorsque les gros temps assaillent les navires
et les forcent à se réfugier dans la magnifique rade,
les gens d'équipage et les passagers sont reçus avec
tout l'empressement dû à des hôtes qui viennent apporter un peu de variété, un peu de nouveau, et qui
daignent, grâce aux flots irrités, briser pour quelques
heures et pour quelques jours l'agaçante monotonie
d'une vie trop minutieusement réglée et où l'imprévu
n'a plus de part. Mais, hélas! hélas! pour les Mahonnais,
et tant mieux pour les voyageurs pressés, les occasions de relâche se font rares! Les nouveaux navires
à vapeur et à hélice défient les ouragans, et ce sont

des barques de pêcheurs ou des bricks qui profitent seuls, ou à peu près, de l'hospitalité mahonnaise. Aussi les insulaires, qui autrefois vendaient aux demi-naufragés des objets de vannerie, sont-ils obligés d'envoyer à Marseille ou d'y porter eux-mêmes ces produits de l'industrie locale.

Profitons des loisirs du reste de la traversée, qui, à partir des Baléares, n'offre plus rien d'intéressant, pour faire connaissance avec le passé le plus reculé du pays dans lequel nous allons aborder dès les premières heures de la matinée. Un excellent et très consciencieux ouvrage, *l'Algérie* de M. Maurice Wahl, ancien professeur d'histoire au lycée d'Alger, nous fournira à cet égard toutes les indications :

L'obscurité la plus complète, — cela va sans dire, — plane sur les premiers habitants de l'Algérie, et les savants discutent sur la question de savoir si les crânes retrouvés dans quelques cavernes et datant des époques les plus préhistoriques appartiennent à la race sémite ou à une race négroïde. Ce qui est appréciable, c'est que les premiers maîtres et les premiers civilisateurs du pays furent les Phéniciens, lorsque, abandonnant leur *emporium* de Tyr, la ville d'or et de soie, ils vinrent poser sur le littoral les bases de l'orgueilleuse métropole des mers, de la rivale de Rome : Carthage. La Mauritanie, c'est ainsi que l'on appelait alors l'Algérie actuelle, devint une province soumise aux seigneurs de la grande capitale maritime ; sur tout le littoral barbaresque s'élevaient alors des

villes de peu d'importance, habitées par des réfugiés
égyptiens, perses et juifs, peu prospères, mais qui
offraient à la navigation des Phéniciens le long des
côtes d'excellentes ressources, dont les Phéniciens
s'entendaient admirablement à tirer parti. Pendant la
domination carthaginoise, ces ports du littoral semblent avoir progressé, mais médiocrement et sans
s'élever au-dessus d'un niveau de prospérité moyen.
En revanche, lorsque les Romains eurent pris, détruit
et rebâti Carthage, une grande époque commença
pour les ports de la Mauritanie et les villes de la
Numidie. D'abord Rome laisse les souverains locaux
administrer ces pays sous sa haute surveillance ; elle
les pensionne et les traite à peu près comme l'Angleterre traite les rajahs à demi médiatisés de l'Inde.
Même après le soulèvement de Jugurtha, réprimé
avec toute la vigueur romaine, les maîtres dédaignent
d'annexer purement et simplement les contrées où
règnent encore le langage punique, le culte du dieu
Baal et tout le prestige de Carthage effondrée. C'est
deux siècles plus tard, sous Caligula, alors que la
langue et les mœurs latines se sont infiltrées peu à
peu, alors que les Numides et les Mauritaniens par-
ticipent à toutes les luttes intestines de Rome, à toutes les compétitions, à toutes les rivalités, avec toute
l'ardeur et toute la passion de véritables citoyens du
grand empire, c'est alors seulement que la Numidie et
la Mauritanie fûrent proclamées provinces romaines,
partagées en diocèses et préfectures, et gardées par
une légion cantonnée à Lambèse. Immédiatement le

pays fut colonisé ; des villes importantes s'élevèrent
à l'ombre de la nouvelle Carthage, qui bientôt n'eut
rien à envier à l'ancienne. Lorsque le voyageur par-
court aujourd'hui les côtes de la Barbarie, ou qu'il
se dirige vers le désert, il rencontre bien souvent les
vestiges de cette antique civilisation, que les maîtres
du monde exportèrent à travers la Méditerranée. Il
pourra nommer tour à tour les deux Leptis, les deux
Hippone, Adrumète, Rusicada, Lambèse et bien d'autres. Les débris qui ont traversé les dures époques,
— dures pour l'art, — surtout de la farouche domination musulmane, attestent combien sont véridiques et
exactes les appréciations de l'auteur que nous avons
cité, M. Wahl.

« Les Romains, dit-il, avaient mis à profit les leçons de leurs prédécesseurs ; tous leurs agronomes
reconnaissaient pour leur maître le Carthaginois Ma-
gon [1]. Dans les fermes et les exploitations rurales, on
élevait, avec des troupeaux de moutons et de chèvres,
des chevaux de selle, des bœufs de labour, des bœufs
aux cornes larges et fortes, au cou musculeux, au
fanon tombant, bien différents de la maigre race d'aujourd'hui. Des irrigations habiles combattaient la sécheresse ; l'olivier, le dattier, le figuier, tous les arbres
indigènes donnaient leurs fruits ; la vigne était culti-
vée avec soin pour le raisin, pour la fabrication des
vins ordinaires, des vins cuits, des vins de raisin sec.
Dans les espaces découverts, dans le sol profond des

1. V. Columelle.

plaines, on ne semait que du blé. La Numidie et
l'Afrique propre étaient alors dans le monde romain
ce que sont actuellement pour l'Europe les grands
marchés à céréales de la Russie, de la Hongrie, de
l'Amérique. Elles nourrissaient leurs habitants et ver-
saient à l'Italie le trop-plein de leurs greniers et de
leurs silos. C'est pour cela que la politique des em-
pereurs attachait une telle importance à la possession
de ces provinces. Là étaient les ressources de l'an-
none, le pain quotidien de la grande ville ; qui tenait
l'Afrique pouvait affamer Rome.

« Les témoignages des contemporains et plus encore le spectacle grandiose des ruines donnent l'idée
d'une remarquable prospérité. Partout des aqueducs,
des thermes, des temples, des théâtres, des arcs triom-
phaux, les travaux utiles et les constructions luxueu-
ses, tout ce qui indique l'aisance et les loisirs heureux. Les inscriptions viennent à l'appui en nous
racontant l'existence des habitants. C'était une société
paisible et satisfaite, tranquille sur les destinées du
monde, vivant sans bruit de la vie municipale ; sûrs
du lendemain, tous ces bourgeois géraient avec calme
leurs affaires et réservaient les plus longues heures
pour le plaisir et les recherches du confort. Les plai-
sirs ne consistaient pas seulement dans les jeux du
cirque : il y en avait de relevés, la culture intellectuelle
était fort répandue. Carthage, au rapport de Salvien,
possédait « des établissements pour toutes les fonc-
« tions publiques, des écoles pour les arts libéraux,
« des académies pour les philosophes, enfin des gym-

Alger vu de la mer.

« nases de toute espèce pour l'éducation ; » les autres
suivaient l'exemple de Carthage. Cette population
composite, formée par le mélange des émigrants la-
tins, des débris puniques, des indigènes assimilés,
gardait au milieu de l'uniformité romaine son caractère distinct et comme une originalité de terroir. Dans
la politique, dans la littérature païenne ou religieuse,
les Africains, Septime Sévère, Fronton, Apulée, Ter-
tullien, Augustin, forment une race à part [1]. »

Puis viennent les Vandales et les Alains, qui partent d'Espagne au nombre de cinquante mille et qui
s'en vont à la conquête de ces pays bénis et jusque-là
tranquilles. Ils les ravagent et les saccagent jusqu'à
ce que Bélisaire, général des Byzantins, obéissant
aux ordres de Justinien, débarquât en Afrique avec
une excellente armée de quinze mille hommes qui,
en très peu de temps, conquit tout le littoral et établit
à Carthage la domination gréco-romaine, qui fut
supplantée en 644 par le cimeterre des Islamites, dont
les farouches sectaires avaient déjà conquis toute
l'Égypte et qui, stimulés par leurs premiers succès,
poussés par les instincts belliqueux qui venaient de
se révéler chez la race arabe, couraient à la conquête
du monde sur leurs chevaux noirs comme l'ébène, ar-
dents comme des lions et rapides comme des flèches.

1. L'*Algérie*, par M. Maurice Wahl, Paris, 1880.

II

PREMIÈRE IMPRESSION D'ALGER. — PROMENADE MATINALE. — LA CASBAH. — EXCURSION A MUSTAPHA. — LES GOUVERNEURS.

Six heures du matin. — L'aube point discrètement, elle ne lutte pas avec les dernières ombres de la nuit, elle leur souhaite gracieusement au revoir. La grande roue de l'hélice du *Mœris,* au lieu de clapoter avec vélocité comme nous étions habitués à l'entendre pendant trente-six heures, ne frappe plus que quelques coups espacés; puis ce tapage familier cesse entièrement. Le navire stoppe. Accourus sur le pont, nous apercevons une immense ligne, quatre ou cinq fois répétée, de maisons blanches, mais blanches comme la neige, qu'entoure une guirlande de lumières. Bientôt quelques-uns de ces feux follets se détachent et semblent nager vers le *Mœris.* Quelques

mouettes effarouchées s'envolent ; le silence est trou-
blé par des cris rauques, des exclamations tantôt lar-
moyantes, tantôt furieuses, des appels gutturaux et
des mélopées psalmodiées dans une langue inconnue.
Et ces lumières nagent toujours vers nous.

Encore quelques minutes et nous constaterons que
ces feux follets sont les falots réglementaires ar-
borés à l'avant de nombreux *kaïks* ou embarcations
à la rame. Quant à ce tapage, il est dû aux bateliers
qui, tout en faisant force de rames pour arriver
chacun bon premier auprès du navire, s'interpellent,
se disputent, s'injurient et quelquefois échangent
d'un *kaïk* à l'autre des coups d'aviron. Ce sont de
superbes gaillards, hauts de six pieds, vêtus, à la
vieille mode turque, de caftans, et la tête *enturbannée*
d'une façon très confortable. Ils n'ont qu'un tort,
ces braves musulmans, c'est de traiter le bagage des
voyageurs en butin pris sur l'ennemi, sous prétexte
de le transporter à quai, et de là à l'hôtel ; ils se
ruent sur les malles, empoignent les valises et se
disputent les sacs, au point que les anses leur restent
dans la main, tandis que le contenu s'éparpille par
terre. Excellente occasion, du reste, pour se rendre
compte de ce patois franco-italien-arabe que nos troupiers ont baptisé : *le parler sabir,* et dont le fameux
macache bono forme le fond. C'est dans cet idiome que
les bateliers du port d'Alger vous offrent leurs services. Ce n'est pas sans peine que le tohu-bohu pro-
voqué par tous ces musulmans empressés, s'apaise
et que le débarquement s'opère. Pendant le trajet

Alger.

du kaïk, les dernières ombres de la nuit se sont en-
fuies et le soleil levant nous montre des quais, des
docks, de belles maisons tout à fait européennes,
des « casernes à loger ». Nous pouvons nous croire
en Europe dans une prolongation de Marseille. Cette
illusion continue. A peine les escaliers du quai de la
Marine sont-ils escaladés, à peine avons-nous mis
le pied sur la place de la République, une place entourée de maisons à arcades et au milieu de laquelle
fleurit un magnifique square, qu'une nuée de gavro-
ches avec casquettes à inscriptions, gambade autour
de nos jambes, nous offrant les journaux du matin,
encore tout humides des baisers de la presse. Cela
coûte un sol, tout comme sur le boulevard Mont-
martre.

Rentrer, dormir à six heures du matin par un si
beau soleil et lorsqu'il s'agit d'explorer une ville inconnue, ce serait une faute. Confions notre léger bagage à la garde et aux soins de l'hôtelier, et suivons
à l'aventure la rue Bab-El-Zoum, qui est, comme chacun sait, le boulevard des Italiens d'Alger. Les beaux
magasins, tout à fait à l'instar de Paris, sont encore
clos ; mais il s'en faut que le mouvement manque. Des
ouvrières italiennes, maltaises ou espagnoles s'en
vont en flânant par trois ou quatre à la manufacture
d'armes ; elles sont en cheveux, vêtues d'étoffes vives,
très accortes, très pimpantes ; en les voyant on songe
involontairement aux *cigarières* de l'opéra *Carmen ;*
un peu plus loin, sur la place Bresson, on attelle les
diligences à moitié démantibulées, les pataches, ins-

truments de torture, tandis que les voitures retour de
la Kabylie débouchent au trot de leurs six chevaux,
déposant sur le pavé de la place leur cargaison de
voyageurs bigarrés, civils, militaires, européens et
indigènes, hommes, femmes et négrillons, tous couverts de poussière et abattus de fatigue.

Un peu plus loin, derrière le théâtre incendié en
1879, et reconstruit depuis, on se trouve en plein
grouillement, au milieu de tout le fouillis d'un marché cent fois plus pittoresque que nos Halles centrales,
où les éternelles Mme Angot discutent avec les éternelles bourgeoises. Ici chaque denrée est vendue par
une race différente. Ces belles filles au teint légère-
ment coloré, aux façons engageantes, au parler mu-
sical, qui vous offrent des petits pois, des artichauts
et des courges, ce sont des maraîchères mahonnaises.
Un Kabyle au regard d'aigle, sec, nerveux et riant volontiers, cherche à vendre les lièvres et les perdreaux
qu'il a tués la veille. Des bouchers arabes, véritables
hercules, dépècent un bœuf ou dépouillent un mou-
ton, tandis que des émigrantes alsaciennes, au teint
rose et aux cheveux couleur de lin, vendent les vo-
lailles grasses, les œufs et les fromages que produit la
ferme qu'ils tiennent de l'association Haussonville. Et
au milieu des vendeurs si divers circule une population
d'acheteurs tout aussi variée, sans compter les ânes,
les *bourricos,* comme on les appelle là-bas ; aimables
petites bêtes très gentilles, très sages, très philosophes, qui sont de toutes les fêtes et que l'indigène
traite tout à fait en amis.

Tandis que la ville moderne, la ville européenne se prolonge dans le bas, le long de la mer, et que les quais ainsi que les rues parallèles voient surgir chaque année de nouvelles rangées de maisons, où le Parisien transplanté en Afrique trouve parfois plus d'espace et plus de confort que dans certains vieux quartiers de la capitale, la ville haute a encore gardé le cachet barbaresque, et il faudrait souhaiter, pour l'amour de l'art, qu'on ne le lui enlève pas sous prétexte de nivellement et de civilisation.

Il n'est pas de roses sans épines ; pour jouir des curiosités architecturales de la vieille ville mauresque, il faut grimper la rue de la Casbah, aussi raide et abrupte qu'un chemin taillé dans le roc, et dont les pavés pointus sont un châtiment pour les pieds de l'infidèle qui s'y aventure.

Mais quel régal de contempler ces maisonnettes passées à la chaux et qui semblent se maintenir par un miracle d'équilibre, de jeter un coup d'œil dans les cours intérieures des habitations mauresques qu'entoure une galerie de portiques et de fenêtres ogivales qui semblent découpés à jour par le ciseau d'un artiste fantaisiste. Cette petite cour, dont les dalles sont souvent recouvertes de tapis multicolores, est égayée par le susurrement perpétuel d'un jet d'eau.

Si le passant est favorisé par la chance, il se peut qu'au moment où il glisse son regard à travers la porte entr'ouverte, un des rideaux d'étoffe bariolée qui masquent les fenêtres ogivales soit écarté par la main d'une servante et que l'on aperçoive la dame ou la jeune fille mauresque, dans son costume d'odalisque, mollement étendue sur le sofa, la chibouque aux lèvres, et s'éventant déjà avec son chasse-mouches.

En pareil cas il est prudent de ne pas insister. Les Maures d'Alger n'ont pas des trésors d'indulgence ni de patience, et le *roumi* qui s'aviserait de rester plus longtemps que de raison en contemplation devant le bonnet à gland brodé, les pantalons de soie et le pourpoint bariolé d'arabesques de l'odalisque, pourrait bien faire connaissance avec quelque vigoureux et noueux nerf de bœuf.

Les Maures représentent l'ancienne population autochtone d'Alger; ils sont les fils de messieurs les pirates qui, pendant des siècles et des siècles, ont fait de la pure et placide Méditerranée un affreux coupe-gorge. Ces descendants des grands voleurs aquatiques se sont bien calmés; ils ont aujourd'hui les manières doucereuses et le parler mielleux. Ce n'est pas eux qui créeraient des difficultés au gouvernement civil et militaire. Ils sont au contraire tout disposés à rendre à l'Européen des services de toute espèce.

Des Levantins, des Maltais, des Italiens se sont également infiltrés depuis quelques années dans les ruelles étroites et tortueuses qui aboutissent au sentier abrupte qui conduit à la Casbah. Les Levantins ne font rien ou pas grand'chose, les Italiens ravaudent des culottes ou réparent des souliers, et les Maltais tiennent des petits restaurants qui, par leur extérieur et leur aménagement, ne rappellent que de

très loin la Maison d'or et le café Riche ; mais un
estomac solide et un palais curieux de connaître la
cuisine locale trouvent à se repaître moyennant quelques sous. Notons aussi quelques familles juives (on
les reconnaît au visage découvert des femmes et à
l'espèce de tour de faux cheveux qu'elles portent sur
leur crâne, rasé selon les prescriptions du rite), qui
paraissent vivre en bonne harmonie au milieu de
leurs voisins mauresques.

Tout a une fin, même une montée à la Casbah.
Nous voici devant de grands amas de pierres, derrière lesquels s'élève un mur blanc. Après vient une
grande bâtisse construite en forme de parallélo-
gramme qui fut autrefois la forteresse du dey. Depuis 1830, le drapeau tricolore y flotte ; mais le bâtiment n'est plus qu'une curiosité. En revanche, la vue
dont on jouit de là-haut est incomparable. Le regard,
après avoir erré sur les toitures de centaines de maisons, sur les coupoles des mosquées, sur les tours
des minarets, plonge dans les flots bleus de la Méditerranée et salue les panaches noirs de fumée des vapeurs qui viennent de partir pour la France ou qui
en arrivent. De l'autre côté ce sont les plaines fertiles
de la Mitidja, ces merveilleuses conquêtes obtenues, à
force de sacrifices et de travaux, sur des marécages
malsains et fiévreux, et dont l'aspect, aujourd'hui
si riant, si fertile, si prospère, contient comme une
muette protestation, comme un reproche contre cette
légende que le Français n'est pas colonisateur. La
vérité est que le Français ne quitte pas volontiers son

foyer natal, même quand il doit se retrouver chez lui,
à l'ombre de son drapeau, comme en Algérie. Il faut
des cataclysmes politiques ou des désastres comme le

Cavalier arabe.

phylloxera pour le contraindre à aller tenter ailleurs
la fortune et trouver le pain des siens. Mais partout
où des Français se sont installés en Algérie, que ce
soient les déportés de 1848, que ce soient les Alsaciens-

Lorrains fuyant devant l'annexion, que ce soient les vignerons du Midi, condamnés à la misère, tous ont su tirer magnifiquement parti de leurs concessions, tous ont su transformer en terre de rapport, en jardins, en champs productifs, les terres les plus incultes.

La vie à Alger porte le cachet d'une somnolence douce et d'une quiétude parfaite. A en juger par les apparences, les difficultés de la vie doivent être à peu près nulles, et les soucis absents. Pas de gens pressés ou affairés dans les rues ; on ne court pas, on ne se bouscule point comme dans nos centres commerciaux d'Europe ; on se promène, on va doucement devant soi avec la conscience d'arriver toujours à temps. Les beaux squares de la place de la République, de la place Randon, de la place Bresson, ne chôment jamais d'oisifs contemplateurs qui, mollement étendus sur les bancs de bois, à l'ombre de quelque palmier géant, prennent le temps comme il vient et laissent errer leurs yeux sur les différents échantillons de la flore africaine qui ornent ces jardins. Sous les arcades de de la rue Bab-El-Zoum toujours des flâneurs ; devant les cafés, attablés autour de petits guéridons *ad hoc,* les consommateurs savourent sans interruptions les différents apéritifs qui, depuis la pernicieuse absinthe jusqu'à l'inoffensif *vermouth de Torino,* ont toujours trouvé dans la colonie de fervents adorateurs. Sur la place du Gouvernement, juste devant la statue du duc d'Orléans, beau monument équestre représentant l'infortuné fils de Louis-Philippe, au visage expressif, en costume de lieutenant général, étendant le bras vers la France, un *fontanarose* habillé, panaché et brodé sur toutes les coutures, ressemblant en tous points à un charlatan d'opéra-comique, debout sur son char qu'il a dû acheter à la succession de Mangin, l'homme au casque, harangue une foule assez compacte et qui paraît prendre grand plaisir aux lazzis du marchand d'orviétan. Quelques nègres déguenillés paraissent surtout prendre plaisir à ce spectacle, et lorsque le fontanarose invite un membre de l'honorable société qui souffrirait d'une mollaire à se faire « guérir sans douleur », un de ces fils du désert escalade, n on sans hésitation, la plateforme et livre à l'opérateur sa mâchoire de crocodile. Un geste, un cri et le charlatan montre à l'honorable assistance la dent cueillie au bout de sa tenaille. Le pauvre nègre se frotte les joues et pousse des hurlements qui semblent prouver qu'en dépit de sa rassurante réclame, la méthode de l'opérateur forain n'exclut pas la douleur.

Enfin on calme la victime avec une cuillerée de baume sucré dont MM. les nègres sont très friands, et l'opéré quitte l'estrade avec une grimace de contentement, tandis que « Gris-gris » placé, selon la tradition, à l'arrière de la voiture, moud sur l'orgue de barbarie l'air des *Conspirateurs de Madame Angot*. Civilisation, voilà bien de tes coups ! Des charlatans de la vieille Europe extrayant *coram populo* les dents aux noirs fils de Sem !

Mustapha est le Saint-Germain et l'Asnières de la capitale coloniale. Jamais endroit destiné à la villégiature n'a été plus merveilleusement choisi, surtout

Mustapha supérieur, dont les villas et les maisons de campagne sont littéralement enfouies, cachées, dissimulées, noyées, au milieu des forêts de palmiers, d'aloès, de cactus, de fleurs géantes. On épuiserait un vocabulaire si l'on voulait énumérer toutes les merveilles de cette flore, à la fois tropicale et européenne ; bien que la route soit taillée à pic et rude à monter, on ne sent point la fatigue, à tel point les yeux sont réjouis par l'aspect de cette végétation, à tel point les parfums doucement enivrants qui s'en dégagent et mêlés au gazouillement de milliers d'oiseaux absorbent les sens du promeneur et ne laissent loisir à aucune impression fâcheuse ou contrariante de vous gâter l'illusion que vous marchez en plein paradis.

Plus on monte, plus la prodigalité de cette végétation s'accentue ; à la fin, c'est une folie de fleurs et de plantes exotiques, une débauche de pétales, un océan incommensurable de bouquets multicolores disposés par la main d'un Dieu artiste.

Les constructions s'élevant au milieu de ce décor de féerie sont dignes du cadre qui les entoure. Les plus anciennes maisons de campagne datant d'un siècle et demi ou de deux siècles, ont eu l'honneur d'abriter les entrepreneurs de piraterie qui s'enrichissaient des dépouilles de toutes les marines marchandes, des butins dérobés à main armée sur toutes les mers. C'est dans ces palais d'été que ces honnêtes négociants, ces organisateurs du vol et de la traite des blancs, venaient jouir en paix de leurs rapines et savourer au milieu du luxe oriental le bien si mal acquis.

J'appelle les ex-propriétaires des villas de Mustapha entrepreneurs et négociants ; ce n'est pas sans raison. Les Algériens avaient élevé la piraterie à la hauteur d'une institution mercantile ; on formait des sociétés, des commandites pour équiper un corsaire, à peu près comme de nos jours on fonde des syndicats pour l'exploitation d'une mine ou d'un haut fourneau. On passait des traités de participation pour le partage de bénéfices du brigandage maritime, comme depuis on a appris à écumer statutairement les poches des actionnaires.

Les patrons de cette entreprise étaient la plupart du temps des parents ou des favoris du dey qui assuraient au chef de l'État algérien une part considérable sur les prises. Quand le brick ou la galiote étaient armés, lorsque les caronades étaient fixées à bord, les hommes d'équipage et le détachement de soldats obligeamment prêté par le dey, installés, et que rien ne manquait, ni les haches d'abordage, ni les cordes, ni les fers pour enchaîner les captifs, le *capitan,* qui n'était pas toujours un Turc, mais souvent quelque chenapan de Corse, de Gênes ou de Naples, venait dans le palais d'été de son commanditaire prendre les dernières instructions. Les « entrepreneurs » avaient une police secrète maritime très efficace et qui, moyennant finance, les tenait au courant de l'importance et de la cargaison des navires marchands en partance dans les principaux ports du littoral français, italien, espagnol ou portugais. Grâce à ces informations le capitan savait de quel côté se

diriger; il pouvait fixer à l'avance les points où il se
placerait en embuscade. Il pouvait également jauger
d'avance aussi la quantité et apprécier la qualité de
la prise qui lui était dévolue, et, s'il avait le choix
entre plusieurs captures, concentrer ses efforts et ses
ruses sur celle qui offrait la plus riche proie.

Lorsque tout était réglé et que, en dépit des lois de
Mahomet, le coup de l'étrier avait été bon à la santé
de l'expédition, le pavillon vert constellé d'étoiles était
hissé sur le bâtiment et, toutes voiles gonflées, le pirate s'élançait hors du port (la darse).

Quand, au contraire, un bateau était en vue, un
coup de canon retentissait à la Casbah, puis un se-
cond, puis un troisième. Aussitôt des hauteurs de la
vieille ville une foule agitée et criarde se précipitait
vers le quai et vers le port. De toutes les petites maisons hermétiquement closes comme des forteresses ou
des prisons sortaient des Turcs, des Maures, des Arabes, serrant sous leur veste ou sous leur manteau des
sacs en peau de chèvre tout garnis de pièces d'or,
séquins, ducats, écus à la rose ou à la vierge.

En route on échangeait des impressions, des calculs; on essayait de deviner quel navire pirate rentrait
au port et quelle était l'importance de la prise annoncée par les canons de la Casbah. Enfin quand toute
la ville était réunie sur le quai, le bateau annoncé en-
trait majestueusement dans la darse, traînant à sa
suite trois, quatre et quelquefois cinq autres bâtiments, dont l'armature accusait des avaries dues aux
boulets, et dont les mâts avaient été à demi brisés

dans la lutte. Sur le pont, on voyait les captifs, hommes et femmes, enchaînés, formant des groupes lamentables et gardés par de farouches corsaires barbus, l'arquebuse au poing.

Le débarquement des captifs s'effectuait aussitôt. D'abord la part du dey, que l'on remettait à un officier de Son Altesse, escorté d'une douzaine d'estafiers, puis le ou les patrons désignaient les objets qu'ils voulaient garder et ceux qui devaient être vendus à l'encan. Les enchères s'organisaient immédiatement et l'on voyait alors les pièces de monnaie sortir des sacs en peau de chèvre. Tous les produits que l'industrie européenne de la renaissance et du grand siècle de Louis XIV échangeait étaient vendus au plus offrant. Pour que les choses se passassent régulièrement, un commissaire du dey surveillait ces enchères et il vérifiait également la répartition des parts de prise attribuées, en vertu d'un règlement officiel, aux hommes d'équipage et aux soldats.

Le reste du butin était transporté soit dans la villa du patron pirate, soit sous les hangars où l'on réunissait comme du bétail humain les malheureux captifs destinés à être vendus comme esclaves. Le marché *ad hoc* ne se tenait qu'une fois par semaine. Avant de les livrer au commissaire-priseur à turban, l'entrepreneur passait une sorte d'inspection pour voir si, parmi les femmes ou jeunes filles, il ne s'en trouvait pas qui lui convenaient pour son harem et s'il n'y avait point parmi les hommes des personnages importants susceptibles de produire quelque grosse rançon.

Ceux-là étaient bien traités ; on ne les astreignait à aucun travail ; ils étaient convenablement nourris et logés, — quitte, il est vrai, à être mis à mort si la rançon n'arrivait pas assez vite ou si le spéculateur s'était trompé dans ses calculs. Quant aux autre esclaves leur sort était assez différent et ils dépendaient absolument des maîtres capricieux qui les avaient achetés aux enchères.

Cette prospérité d'une ville de pirates (Alger avait, à l'époque où ce brigandage battait son plein, 200,000 habitants, et on y vivait au milieu des fêtes), est certes une des plus grandes anomalies de l'histoire, surtout si l'on réfléchit que cette apothéose du vol et de la rapine s'est prolongée pendant quatre à cinq siècles, et qu'il a fallu la conquête de 1830 pour y mettre un terme. Un génie malfaisant semble avoir protégé ces bandits et frappé d'impuissance toutes les tentatives des plus grands souverains d'Europe pour châtier ou détruire ce repaire. Ni Charles-Quint ni les amiraux de Louis XIV, qui pourtant s'y prirent à plusieurs fois, ne purent en venir à bout. Comme pour montrer que leur système de vol se basait et s'étayait sur une puissance militaire, ils rendaient coup de canon pour coup de canon, bombe pour bombe. Si les flottes de l'empereur, celles du duc de Beaufort et de l'amiral Duquesne couvrirent la ville de ruines, — bientôt relevées, — si on comptait par centaines les maisons complètement démantibulées, les Algériens vomissaient la mitraille par les trois cents canons garnissant les embrasures et les créneaux sur les ponts

des navires et y accumulaient les morts et les blessés, sans compter les consuls chrétiens et les captifs
attachés à la bouche des pièces et projetés en l'air
comme des boulets. Les expéditions des puissances
européennes ne furent que de simples incidents jusqu'au moment où la conquête de ce nid de pirates
fut préparée avec toute l'énergie et avec tout l'appareil militaire qu'exigeaient de semblables adversaires.

Aujourd'hui les habitants des ravissantes villas de
Mustapha sont d'humeur autrement pacifique et rassurante que les chefs et les commanditaires de la piraterie. L'élément maure ou indigène a complètement
disparu ; en revanche, l'Angleterre a pris racine sur
ce magnifique coteau et s'y étend de plus en plus ; à
chaque saison d'hiver le nombre des villas achetées,
louées ou même bâties par quelque lord ou quelque
coutelier enrichi de Sheffield augmente, et avec le fils
et les filles d'Albion leurs mœurs, leurs distractions
sportiques, les cargaisons de *pale ale* et de conserves
ont envahi le coteau. Des parties de crocket s'y organisent et les *matsch* de canotiers s'organisent dans
la rade de Sidiferruch.

Pourtant, que l'on se rassure, la France est aussi
représentée à Mustapha et fort dignement. Voyez
cette magnifique villa, la plus belle peut-être de tout
l'entourage. Ses jardins sont entretenus avec un
soin jaloux, l'intérieur révèle l'artiste, le collection-
neur, l'homme de goût. Nous sommes à *Montriant*,
dans la propriété d'un vétéran du journalisme fran-

çais, mort il y a peu d'années, mais qui a laissé un nom
justement estimé dans le monde des lettres et un souvenir affectueux chez tous ceux qui l'ont personnellement approché. Louis Jourdan, enfant de Toulon,
disciple ardent du saint-simonisme, était sorti de la
grande rade du port militaire à bord d'un des navires

Le maréchal Pélissier.

faisant partie de l'expédition du maréchal de Bourmont, un peu en curieux, en apprenti apôtre, investi d'une mission par le père Enfantin. Il débarqua
donc dans cette même rade de Sidiferruch que l'on
embrasse si bien de la terrasse de Montriant, tandis
qu'en se portant vers la droite l'œil s'arrête sur les
contreforts de l'Atlas. Depuis, Louis Jourdan, par-

venu à l'une des premières positions du journalisme
parisien militant, s'est montré un défenseur zélé et ardent de la colonie et un styliste plein de force et d'expression, pour vanter les beautés de ce pays. Par
reconnaissance, les colons d'Algérie firent hommage
à l'écrivain du terrain sur lequel il construisit sa villa,
dont il fit peu à peu un véritable Éden. Vers les dernières années surtout, alors que la santé de Mme Jourdan forçait l'écrivain de passer en Afrique la plus grande
partie de l'année, Montriant était devenu la plus vive
de ses préoccupations. Il l'embellissait et l'ornait; à chacun de ses voyages à Paris c'étaient de nouveau tableaux, des meubles rares, des bibelots de prix... Il
s'y est éteint doucement il y a quatre ans, et c'est son
fils, M. Charles Jourdan, un écrivain également très
dévoué aux intérêts de la colonie, qui l'habite aujourd'hui.

C'est à Mustapha aussi, mais dans la partie infé-
rieure, que se trouve le palais maure qui sert de résidence une partie de l'année, je ne sais au juste si
c'est l'été ou l'hiver, au gouverneur général de l'Algérie. Jadis, du temps des gouverneurs à panaches,
du temps des Pélissier, des Randon, des Mac-Mahon,
le matin et le soir, des nuages de poussière étaient sou-
levés sur la route de Mustapha, une escorte de spahis
aux burnous écarlates, brandissant leurs fusils da-
masquinés, ou de lanciers fringants, passait comme
une trombe, entourant la calèche à quatre chevaux
où se prélassait Son Excellence, se rendant en ville
ou revenant à la campagne. Aujourd'hui le conscien-

cieux administrateur de la colonie, M. Tirman, un
vice-roi en redingote, se contente modestement d'un
petit coupé à un seul cheval, à moins que par, ordonnance du médecin, il ne fasse hygiéniquement la route
à pied.

III

A BOUFFARIK. — TRAVAUX HERCULÉENS DES CO-
LONS. — UNE FERME MODÈLE. — LA VILLE DES
ORANGERS. — LES SINGES DE LA CHIFFA. —
HISTOIRE D'UNE OREILLE COUPÉE. — LES BAINS
D'HAMMAN RIRHA.

Les environs d'Alger méritent à coup sûr tous les
éloges dont les touristes qui ont récemment parcouru
la colonie africaine sont si prodigues. De quelque
côté que l'on se tourne, on retrouve les merveilles de
la nature unies aux prodiges dus au travail humain.
Sous ce dernier rapport, le village de Bouffarik (ou
plutôt le bourg, sinon la petite ville) mérite d'être cité
comme type et comme modèle de cette puissance de
colonisation que l'on a jusqu'à ce jour voulu contester à la race française et que l'on continue à contester
par habitude et par routine.

Bouffarik, situé à trente kilomètres d'Alger, et que

l'on atteint à présent par le chemin de fer, était,
vers 1848, un marécage pestilentiel où il ne faisait
pas bon s'arrêter longtemps. Les diligences qui par-
taient de la place Bresson pour se diriger vers l'intérieur traversaient cette région au triple galop de leurs
chevaux ; on fermait hermétiquement les portières,
on descendait les capotes du cabriolet, pour préserver
les passagers de ce pernicieux contact. On citait pour
leur intrépidité des chasseurs qui avaient le *nemro-
disme* assez invétéré pour aller à la poursuite des
canards sauvages, hallbrans et autre gibier aquatique
sans craindre le contact de la malaria. Le maréchal
Bugeaud fit commencer les travaux de dessèchement
et ils coûtèrent la vie à plus de braves peut-être que
la bataille d'Isly. Mais les véritables pionniers de
Bouffarik furent les déportés de 1848, ces vaincus de
la grande bataille socialiste, transportés en masse,
non pas en vertu de jugement, mais par décret de
l'Assemblée nationale. On leur abandonna cette terre,
qui pouvait devenir pour eux une fosse commune ou
une source de prospérité. C'est cette dernière prévi-
sion qui s'est réalisée.

Après des travaux herculéens et des efforts sans
nom, les marécages de Bouffarik ont été métamor-
phosés en terres de rapport, et de quel rapport ! Le
fermier beauceron le mieux partagé doit contempler
d'un œil d'envie ces champs, ces grasses prairies, ces
pâturages, ces immenses potagers, dont les produits
sont pour ainsi dire achetés sur pied, vendus d'avance
pour les grands marchés d'Europe. Rien de plus ai-

mable, de plus réjouissant à l'œil que la vue de ces
jolies maisons blanches entourées de jardins, qui rappellent les paysages les plus fortunés de la mère patrie.
La mairie a un air tout à fait respectable ; la gendarmerie est une petite villa entourée de gazons verdoyants et d'arbustes, et la prison elle-même (car il
y en a comme dans toute localité civilisée) n'offre rien
de lugubre ni de repoussant. On ne la reconnaîtrait
même pas, n'étaient les vantaux de bois aux fenêtres,
qu'encadrent d'ailleurs le lierre et la vigne vierge.
Toute la population de Bouffarik, y compris quelques
Arabes vivant en frères avec leurs voisins, est dans
l'aisance ; mais le seigneur agricole de la localité, le
Crésus, est M. Chiris, autrefois député de Nice, aujourd'hui sénateur, qui a établi dans la Mitidjah une
ferme modèle, très vaste, abritant, avec leurs familles,
des centaines de journaliers employés aux travaux de
culture les plus divers : l'élevage des bestiaux et la
culture des roses, des violettes et d'autres plantes qui
alimentent les grandes usines de parfumerie que
M. Chiris possède dans le midi de la France.

Cet établissement, dont la valeur dépasse un mil-
lion, fut une des grandes attractions du voyage parlementaire de 1879. M. Chiris reçut sur ses domaines le
gouverneur général de l'Algérie, le préfet et les hauts
fonctionnaires d'Alger, ses collègues du Sénat, de la
Chambre, et les journalistes faisant partie de la petite
expédition pacifique. On visita en détail la ferme,
et l'heureux propriétaire reçut les plus chaleureuses
félicitations. M. Albert Grévy le remercia au nom

4

du président de la république pour ce grand effort
colonisateur. Il était dit que les visiteurs devaient
faire connaissance non seulement avec les choses,
mais aussi avec les hommes. A la fin du banquet servi
sous un hangar, que décoraient avec beaucoup de
goût les produits agricoles de la ferme, une députa-
tion des pionniers de Bouffarik, ayant à leur tête des
vétérans de Juin, à la barbe grisonnante, coiffés de farouches *sombreros* et le torse entouré d'une ceinture
rouge symbolique, vinrent haranguer les députés
dans un langage farouche, trop farouche même au
gré des personnages officiels, qui s'empressèrent de
lever la séance. Chaque année, cette vieille phalange
de vétérans de la révolte s'éclaircit, et les fils, élevés
dans des principes plus doux, n'ayant pas eu à soute-
nir la lutte âpre et souvent ingrate des pères, sont
d'humeur moins sombre ; il songent plus au travail
qu'à la revanche sociale et, étant devenus à leur tour
propriétaires, grâce aux sacrifices et aux efforts de
leurs prédécesseurs, ils peuvent passer pour des con-
servateurs, si on les compare aux intraitables pionniers de Bouffarik.

Celui qui met le pied en Algérie se priverait d'un
des plus grands charmes de ce voyage, s'il dédaignait
de s'arrêter pour une demi-journée dans la ville des
orangers, dans cette Blidah mollement étendue au
milieu des vergers que traversent de minuscules et
innombrables rivières, et comme enfermée dans un
sachet de parfums. On pénètre dans cette ville, d'une
dizaine de mille âmes, par des temples de verdure,

des arcs de triomphe naturels de feuillage. On croit
toujours être dans quelque parc enchanté, aux fruits
d'or, que déjà l'on est au centre de la ville. Où sont
les maisons? A droite, à gauche, devant vous : si on
ne les voit pas, c'est que les arbres touffus, les fleurs
monstres, les buissons de roses et de géraniums leur
servent d'impénétrable muraille. Nulle part peut-être
l'homme ne vit aussi littéralement au sein de la belle
nature. L'apparence de ces maisons est assez modeste :
pas de palais, presque pas de villas, des maisons de
campagne à un seul étage, comme les rêve le bouti-
quier parisien pour le jour où il se retirera des affaires,
ou même des petites bastides, semblables à celles du
midi de la France, petites constructions en bois, ne
renfermant guère que deux ou trois pièces, où le
Marseillais et le Toulonnais vont passer le dimanche.
La population qui habite ces jolis réduits se compose
de fonctionnaires en retraite, habitués au climat et
aux séductions de l'Algérie, ou d'officiers qui, après
avoir conquis la colonie, ne peuvent se résoudre à
manger ailleurs la pension de l'État. Quelques négociants retirés doivent également être compris dans
cette statistique.

Le centre de la ville est formé par une jolie place
entourée de colonnades et ornée des plus beaux orangers ; c'est le forum, où les fortes têtes se réunissent
par les chauds après-dîners pour discuter les affaires
de l'État, de la commune, — ou celles du prochain.
La bonne humeur inhérente à de braves gens, exempts
de tout souci, domine dans ces conciliabules, et les

éclats de rire jaillissent souvent de ces entretiens. Heureux mortels blidéens ! ils ont le rire large et facile ; aussi sont-ils de bonne composition pour les indigènes, et souvent quelque cheik au burnous flottant, à la barbe de prophète, ou quelque Maure dans son pittoresque costume de théâtre (veste bleue brodée d'arabesques, gilet à petits boutons de nacre et rehaussé de galons d'or, large pantalon bleu bouffant et brodé de maroquin) vient à passer ; on l'interpelle amicalement et on l'invite à prendre place. Les femmes musulmanes de la contrée sont attirées à Blidah par le tombeau d'un saint (marabout) qui, selon la légende, a le pouvoir tout spécial d'intercéder en leur faveur auprès de Mahomet. Ce tombeau est situé dans un beau jardin public, que traversent de toutes parts de petits ruisseaux, dont le susurrement va se perdre dans le lointain, après avoir accompagné le gazouillement des oiseaux qui chantent dans les jardins des particuliers.

De Blidah on peut entreprendre sans trop de fatigue deux excursions qui, toutes deux, laissent de profonds souvenirs. La première est celle des gorges de la *Chiffa*. Une fois les bois d'orangers et de citronniers dépassés, une fois les dernières pelouses de fleurs qui ressemblent à un tapis de Turquie foulées, le touriste se trouve en plein pays de montagne, terrible et grandiose. La route, pratiquée par le génie militaire, contourne lentement des abîmes, des précipices, dont les personnes sujettes aux éblouissements feront bien de ne pas trop sonder les profondeurs.

Paysage près de Blidah.

A chaque lacet, on semble s'élever davantage vers la région des nuages, et les eaux de la rivière qui coule à nos pieds, scintillent comme un mince filet aquatique échappé d'une carafe. De l'autre côté du fleuve se dressent des montagnes encore plus grandes, gigantesques, dont les flancs, autrefois couverts de forêts protectrices contre les inondations, sont aujourd'hui nus et stériles. C'est au sommet de cette route, à travers le col de Médéah, que nous trouvons le ruisseau de la Chiffa, appelé aussi ruisseau des Singes.

Dans la fente que forme cette gorge très pittoresque, un industriel a établi un hôtel-restaurant où, depuis les premiers temps de la conquête, la mode prescrivait d'organiser des parties fines. La cuisine et la cave se trouvant à la hauteur de la circonstance, cette mode ne fit que croître et embellir, et des peintres, doués de la reconnaissance de l'estomac, s'amusèrent à décorer *al fresco* d'abord les panneaux de la salle à manger, puis les murs extérieurs de la maison. Le thème qui revient dans ces tableaux, l'éternel thème, c'est la vie, les tours et les grimaces de messieurs les singes. Les artistes ont pu travailler d'après nature, car les bouquets de bois qui s'élèvent au-dessus du restaurant de la Chiffa servent d'asile à des centaines de ces amusants quadrumanes, dont les cabrioles et les gambades égayent fort le dessert des repas servis céans.

Seulement messieurs les singes ont leurs caprices; parfois ils ne daignent pas se montrer; quelque pres-

sants que soient les appels qu'on leur adresse, ils
restent cachés au plus profond des fourrés. D'autres
fois, en revanche, les simiesques deviennent impor-
tuns : sautant de branche en branche avec leur agilité
proverbiale, ils bombardent les consommateurs avec
tous les projectiles qui leur tombent sous la patte, y
compris des pierres, en accompagnant cette ma-
nœuvre de cris aigus et de piaillements qui ressemblent à ceux d'une bande de tout petits enfants.
Alors, pour obtenir la paix, il ne reste qu'à user de
représailles en envoyant une pierre ou deux dans le
camp aérien de ces audacieux agresseurs. Mais la tradition est de n'envoyer ces projectiles qu'à blanc,
c'est-à-dire de façon à ne pas atteindre les coupables.
Il faut se contenter de leur faire peur. Celui qui bles-
serait ou tuerait un de ces animaux serait très mal
vu dans toute la colonie. Quant à se servir d'un fusil
contre les gambadeurs, ce serait commettre non seulement une cruauté, mais, chose tout aussi grave,
une inconvenance insigne.

Lorsque nous payâmes notre tribut, très modéré
d'ailleurs, au propriétaire du restaurant de la Chiffa,
sous la forme d'un déjeuner fort satisfaisant et arrosé
d'un vin qui n'était pas, ô bonheur ! l'horrible bleu de
Cette et de Narbonne coupé de trois-six, que l'on dé-
bite dans toute la colonie sous les étiquettes les plus
menteuses, mais qui pouvait passer pour du Médoc
authentique, les singes se montrèrent bons princes.
Ils nous laissèrent achever tranquillement notre repas, et donnèrent cependant une représentation des

plus réjouissantes lorsque nous fûmes parvenus au moment psychologique du café, où les distractions sont les bienvenues. C'est à cet instant que l'un de nous fit la remarque que le garçon arabe, d'âge mûr et à la barbe grise, qui nous avait servis avec beaucoup de prévenance pendant le repas, portait obstinément son turban en tapageur sur le côté gauche de l'occiput, de façon à cacher complètement l'oreille. Un autre convive de l'espèce des « vieux Algériens », connaissant les dessous de bien des petits mystères, se mit à rire. « Si Mourad (c'était le nom du garçon arabe) cache si soigneusement la place de son oreille gauche, c'est qu'il a ses raisons pour cela. — Comment, la place? Est-ce que le pauvre garçon aurait eu une oreille coupée? — Tout juste. — Oh! le pauvre! exclama une âme sensible. — Ne le plaignez pas trop vite. Si Mourad n'est aujourd'hui possesseur que d'une seule oreille, il l'a bien voulu et, en tout cas, il n'a que ce qu'il mérite. Il y a une trentaine d'années, le maréchal Randon avait organisé son expédition dans la Grande-Kabylie; de part et d'autre on n'y allait pas de main morte. Le maréchal avait décrété que l'on payerait une prime assez forte pour chaque tête de Kabyle que l'on rapporterait au bureau arabe le plus voisin. Cela n'est ni bien beau ni bien ragoûtant; mais c'est, ou plutôt c'était alors la guerre. Nos soldats ne s'en tenaient guère à cette prescription, et une fois la bataille terminée, ils ne songeaient pas à décapiter les ennemis morts. Les indigènes qui servaient dans nos rangs, au contraire, ne manquaient jamais de pendre à l'arçon de leur selle un chapelet de ces têtes fraîchement coupées, dont ils allaient toucher le prix. Or, pour que ces objets ne pussent pas être représentés deux fois, le bureau arabe faisait enlever les oreilles de chaque tête servant de preuve à l'appui et ensuite, pour simplifier la procédure, on exigeait, non plus la tête, mais simplement les oreilles. Or, Mourad et un autre lascar de ses amis servaient alors dans les spahis. Un jour, l'idée leur vint de toucher la prime, bien que n'ayant pas tué de Kabyle. Chacun sacrifia une de ses propres oreilles, et ils vinrent apporter la paire au plus prochain bureau arabe. Le capitaine, qui n'était pas naïf, examina scrupuleusement les oreilles coupées avant d'ouvrir la caisse. « Tiens, dit-il, mais ce sont deux oreilles gauches ! Je ne puis pas vous payer cela, si vous ne me rapportez pas les oreilles droites. Allez, mes amis, me les chercher et vous toucherez la prime pour deux paires au lieu d'une. » Les lascars s'en allèrent honteux comme des renards qu'une poule aurait pris, et depuis cette époque, si vous rencontrez un turban de travers sur une face balafrée de vieux spahi à chevrons, dites-vous que c'est le compagnon d'infortune de Mourad ici présent. N'est-ce pas ? » fit le « vieil Algérien » en se tournant vers le garçon, qui fit un signe d'acquiescement.

Aujourd'hui la Kabylie est conquise et pacifiée ; les bureaux arabes sont réduits à la plus simple expression, et on ne paye plus, fort heureusement, les

oreilles d'Arabe comme des dents de vipère ou des pattes de sanglier.

L'excursion aux bains de Hammam Rhira nous montre la résurrection d'une fraction de l'Algérie romaine, grâce à l'initiative et à la hardiesse d'un moderne, M. Arlès Dufour. Les maîtres du monde, utilisant des sources abondantes, avaient créé des bains, organisés avec tout le luxe que comportaient alors des établissements de ce genre, et entourés de toutes les ressources que les Romains exigeaient dans les villes où ils allaient se reposer et faire des ablutions. Les musulmans avaient succédé aux grands conquérants, et depuis de longues années deux énormes piscines, surmontées de vastes coupoles, abritent à différentes époques de l'année tout un monde de pèlerins des deux sexes, qui viennent se plonger dans ces eaux, réputées merveilleuses, avec accompagnement de prières et de génuflexions. L'ampleur de ces coupoles, qui font ressembler les piscines couvertes à de petites cathédrales, prouve combien ces eaux sont réputées et combien nombreuse est la foule de ceux qui viennent y demander la force et la santé.

Lors de l'établissement du régime français en Algérie, l'attention de l'autorité militaire fut attirée sur ces eaux, et les officiers blessés furent envoyés à Hammam Rhira, pour y achever leur convalescence. Seulement les premiers baigneurs durent loger sous la tente et apporter eux-mêmes leurs vivres, comme le faisaient d'ailleurs les musulmans qui, pendant leur cure, couchaient en plein air et

allumaient des feux de bivouac pour rôtir leur cous-
coussou.

Aujourd'hui tout cela est changé. Depuis que
M. Arlès-Dufour a obtenu la concession des bains de
Hammam Rhira, les constructions se sont rapidement
élevées l'une à côté de l'autre. D'abord deux vastes
caravansérails au pied de la colline, à l'usage des familles musulmanes ; des milliers de baigneurs peuvent camper dans ces interminables dortoirs. Sur la
hauteur, nous apercevons l'établissement des bains
installé avec tout le confort et tous les raffinements
des grandes stations thermales. Un hôtel, avec grande
salle de table d'hôte, salons de jeu, billards, café
maure, etc., sans oublier la terrasse, d'où l'œil découvre un site magnifique, à la fois sauvage et plan-
tureux, avec de gros villages fondés par des émigrants franc-comtois, qui ont donné à l'une de ces
colonies le nom de Besançonville. En même temps
qu'il mettait ainsi à la disposition des baigneurs
d'Algérie tout le confort et toutes les ressources
que l'on trouve à Royat, à Luchon ou à Wiesbade,
M. Arlès-Dufour faisait pratiquer avec toutes les
ardeurs d'un savant des fouilles qui, effectivement,
ont mis à nu une série de vestiges de cette époque
où les Césars régnaient sur la Numidie et la Mauritanie.

Cette ville thermale devait être des plus considérables, car on y a découvert de véritables monuments et même un théâtre. Chaque année des fouilles
donnent de nouveaux résultats, et il ne tient qu'à

M. Arlès-Dufour d'installer un petit musée, que tous
les baigneurs lettrés visiteront avec plaisir. Le nombre de ces baigneurs augmente chaque année. Des
familles d'Alger s'installent pour des mois entiers à
Hammam Rhira ; des malades ou des convalescents
commencent à arriver d'Europe. Enfin, à côté de
l'hôtel, on a installé un hôpital militaire pour les
blessés en traitement, qui donne d'excellents résultats.

EN CHEMIN DE FER. — ORAN. — LA QUESTION DES
ESPAGNOLS. — AU VILLAGE NÈGRE. — UNE FAN-
TASIA. — CARACTÈRE D'ORAN. — OPINIONS LI-
BÉRALES DES ORANAIS. — TLEMCEN.

Le trajet d'Alger à Oran dure environ douze heures.
Peut-être pourrait-on abréger ce laps de temps en
chauffant davantage la machine et en brûlant quelques stations ; mais jusqu'à présent on ne s'est
guère plaint de la sage lenteur avec laquelle les con-
vois de P.-L.-M. circulent à travers cet interminable
paysage qui, à partir d'Hammam Rhira, devient passablement monotone, et, d'autre part, si le chemin de
fer doit remplir son but, il faut qu'il desserve même
les centres les moins importants. D'ailleurs, sans
cela, les réclamations des colons pleuvraient. Si le
paysage n'offre guère de distractions, rien de plus

pittoresque assurément que la composition d'un train
qui circule sur la voie ferrée entre Alger et Oran. Les
premières ne sont guère occupées; l'élément colonial,
qui ne pousse pas le sybaritisme trop loin et ne dé-
daigne pas les sages économies, se contente des se-
condes; quant aux troisièmes, elles sont littéralement
encombrées par l'élément indigène. Aucune institution européenne n'a été adoptée aussi promptement et
aussi complètement par les Arabes que celle des.che-
mins de fer. Ils y ont trouvé la satisfaction de leurs
instincts nomades, qui les condamnent à une loco-
motion perpétuelle. Pour retrouver une poule, dit un
proverbe du pays, l'Arabe ferait trois fois le tour de
l'Algérie. Les dames indigènes partagent le penchant
de leurs seigneurs et maîtres. Les wagons réservés
à la partie féminine sont littéralement bondés, et rien
de plus curieux que de voir par les fenêtres ouvertes
ces créatures enveloppées de leurs kaïks de soie qua-
drillée, accroupies dans les postures les plus diverses,
jacassant entre elles comme des pies et croquant des
bonbons ou mordant à même dans les oranges. Beaucoup de ces dames voyagent avec des bambins ou
même des nourrissons, et pendant que le convoi dé-
vore prudemment l'espace, les mères endorment leur
progéniture en chantant les mélopées les plus mono-
tones et les plus mélancoliques.

L'aspect d'Oran se ressent de l'histoire de cette cu-
rieuse cité. Pendant trois siècles, les Espagnols, ces
entreprenants et ambitieux voisins, s'y sont établis;
ils avaient installé une garnison dans la forteresse

et dans le Château-Neuf, un gouverneur dans le palais des anciens beys, et aux portes de la ville un bagne où l'inquisition envoyait les criminels d'État échappés au bûcher. On retrouve partout des maisons construites à la mode espagnole, et les enfants des provinces de Valence et de Murcie, qui forment encore aujourd'hui le gros de la population, s'y trouvent tout à fait à l'aise. Sur 50,000 habitants que renferme Oran, la moitié environ est d'origine castillane. On retrouve les Espagnols dans toutes les positions sociales, dans les métiers les plus divers. Les grandes famines de 1873 et de 1874, qui ont rendu beaucoup de provinces espagnoles inhabitables, puisque l'on ne saurait demeurer là où le pain manque, ont stimulé l'émigration. Par le beau temps, les grandes barques effectuent en quelques heures la traversée de la province de Valence à la côte oranaise. Les malheureux paysans, ruinés, manquant de tout, hâves et décharnés, arrivaient en grand nombre. Le gouvernement espagnol lui-même, ne trouvant pas à nourrir ses nationaux, préférait les exporter et il nolisait des bateaux à vapeur sur lesquels on embarquait les émigrants, qui grossissaient le nombre de leurs compatriotes en quête de fortune ou tout au moins du pain quotidien sur la terre française de l'Afrique. Un moment, cette invasion a causé de vives alarmes dans la colonie. On se demandait si tant d'étrangers, arrivant dans de pénibles conditions, ne constitueraient pas un embarras au point de vue social et un danger au point de vue politique. La sûreté publique parais-

sait à beaucoup mise sérieusement en péril par ces
nouveaux venus, aux dents longues, qui, poussés par
la faim et le désespoir, demanderaient peut-être au
crime les ressources qu'ils ne pourraient pas trouver
de façon honnête. Ensuite que deviendrait la domination de la France entre le monde hostile des Arabes
et les émigrants espagnols, qui apportaient leur langue, leurs goûts et leurs tendances politiques ?

L'alarme fut vive, mais on s'inquiétait bien davantage à Alger qu'à Oran même, et finalement, tout
s'est arrangé pour le mieux. Les émigrés espagnols,
sobres et bons agriculteurs, sont devenus d'utiles
auxiliaires de la colonisation. Ils ont en partie rem-
placé l'élément indigène pour les travaux modes-
tes et même infimes ; d'autre part, ils ont livré à la
culture des terres jusque-là en friche. Le développement de la culture de l'alfa, cette plante précieuse que
l'industrie trouve moyen d'employer de tant de façons
diverses, coïncidant avec la pacifique invasion espagnole, a créé d'utiles débouchés à l'activité des nouveaux venus. Aujourd'hui les hauts plateaux auxquels
on arrive par une ligne de chemin de fer qui gravit
presque les montagnes à pic, a beaucoup contribué à
résoudre la question dans le sens du repos et du travail. Et quant au point de vue de la nationalité, rien
n'est à craindre. Les Espagnols établis à Oran et
dans les environs deviennent, au bout de quelques
années, non pas Français, mais Algériens. La colonie
est pour eux la véritable patrie, ainsi que pour leurs
enfants. Au surplus, d'après une convention conclue,

Halte de chameliers.

en 1862, entre la France et l'Espagne, les Espagnols habitant l'Algérie ont la faculté de satisfaire à la loi du recrutement dans les régiments de l'armée française d'Afrique. Cet almalgame de jeunes Espagnols et de jeunes Français à l'ombre du drapeau tricolore produit les meilleurs effets. Bref, cette grosse question de l'invasion espagnole ne cause plus de grands tracas.

Oran commence à étouffer dans l'enceinte murale que le génie militaire s'obstine à ne laisser ni briser ni élargir. Aussi, dans les quartiers maures, espagnols et juifs, les maisons sont accumulées les unes sur les autres, et de loin l'œil distingue à peine la démarcation entre chaque rue. En revanche, sur la promenade qui aboutit au bord de la mer, sur le Tan Leget, les constructions nouvelles sont spacieuses, élégantes et entourées de jardins. L'élite de la colonie européenne habite là.

En dehors d'Oran, sur la route de Tlemcen, nous tombons en plein village nègre. L'aspect est drôle, mais médiocrement appétissant. Des cabanes très basses, des huttes d'une architecture rudimentaire, des gourbis éternellement entourés d'une poussière rougeâtre, forment une demi-douzaine d'impasses. Là dedans grouille une population du plus bel ébène, vêtue de haillons, se nourrissant de détritus de toute sorte, qui rissolent sans cesse dans des poêles à l'odeur nauséabonde. Quant à la marmaille noire, sa joie, son bonheur, est de se vautrer dans la poussière et dans la boue. Avec cela nègres,

négresses et négrillons sont très friands d'amuse-
ments et toujours disposés à rire. Seulement il leur
faut des distractions particulières, conformes à leurs
goûts et à leurs habitudes. Voyez ces noirs groupés
la bouche béante, retenant leur souffle, autour d'un
autre noir à barbe blanche, la figure et les membres
nus, couverts, en guise de costume, d'une triple
couche de suie : c'est un conteur du Soudan, il récite
les histoires les plus mirifiques, les plus invraisem-
blables, et ses auditeurs croient chaque mot sorti de
sa bouche, car sa renommée l'a devancé. Le faiseur
d'histoires ne se borne pas à causer ses récits, il les
mime avec toute l'ardeur d'un Debureau en y ajou-
tant une bonne dose de grotesque naturel. Dans le
cours de son récit il parvient encore à se contenir;
mais une fois arrivé à la conclusion il lâche la bride;
rien alors ne saurait donner une idée des contorsions,
des *salto mortale* auxquels il se livre. On pourrait le
croire atteint de la danse de Saint-Guy au dernier et
suprême degré. De grosses gouttes de sueur perlent
sur son front et coulent le long de ses joues; il
ouvre sa bouche de façon à découvrir une véritable
mâchoire de requin, et ses mains battent l'air comme
les anciens télégraphes aériens. En dehors des con-
teurs, les charmeurs de serpents, qui prodiguent les
baisers et les caresses à ces bêtes gluantes, les sor-
ciers diseurs de bonne aventure, trouvent un public
très crédule, très empressé et qui ne se fait pas trop
prier au moment de la collecte. Enfin bien souvent,
quand les ombres de la nuit descendent sur Oran,

Oran, vue du Château-Neuf.

enveloppant à la fois les murailles espagnoles, les
maisons maures et les palais européens, des dizaines
de bivouacs s'allument l'un après l'autre dans le village nègre près d'Oran, et l'on peut voir les enfants
de la race noire exécuter en rond les danses les plus
étranges et les plus extravagantes.

L'un des divertissements les plus en honneur dans
la province d'Oran c'est la *fantasia,* cette espèce de
cavalcade furieuse que les indigènes affectionnent
tout autant que les Castillans les *corridas* de tau-
reau. Quand l'autorité supérieure a décidé de fêter
un événement quelconque par une *fantasia,* les tribus militaires, les *goums,* sont avertis et on leur
donne rendez-vous pour le jour convenu aux portes
de la ville. Les goumiers (on désigne ainsi les cavaliers de la milice indigène) fourbissent leurs armes,
les chevaux sont lavés et étrillés ; on choisit le burnous le plus chatoyant et la meilleure paire de bottes
de maroquin. L'idée que la poudre va parler rend à
moitié fous de joie ces grands enfants, qui adorent
la guerre et ses simulacres. Les *cheiks* ou chefs, dont
beaucoup sont revêtus des insignes de la Légion
d'honneur, passent l'inspection, et elle est sévère, car
chaque *goum* veut surpasser les autres par sa tenue
correcte et son allure martiale. Lorsque toutes les
dispositions ont été approuvées par le *cheik,* les
goums se mettent en mouvement. On arrive généralement aux portes d'Oran la veille du jour fixé pour
la fantasia. Les tentes sont dressées ; le campement
s'organise et les pacifiques bourgeois, qui n'ont pas

encore vu nos alliés en expédition, peuvent contempler les goumiers à l'ouvrage. Enfin le jour est venu. Toute la population d'Oran et des milliers de cultivateurs, d'alfaliers[1] et d'Arabes sont groupés dans le champ de course, qui se trouve au village de *Gambetta*. Les autorités, des hôtes de distinction, la fine fleur des dames d'Oran et quelques privilégiés ont pris place sur l'estrade. Un détachement d'infanterie contient la foule de curieux, tandis que les cavaliers se massent dans la plaine. Les goumiers ont arboré par-dessus leurs turbans d'immenses chapeaux de paille de forme conique, qui sont entourés d'une guirlande de fleurs. Les visages farouches et barbus qui émergent de dessous ces énormes coiffures ont un aspect des plus fantaisistes : on dirait des croquemitaines enrubannés.

Les rangs se présentent bien, presque aussi réguliers que ceux de la cavalerie de la revue du 14 juillet ; les cheiks tirent leur sabre et poussent un cri de commandement. La masse s'ébranle d'abord lentement, comme s'il s'agissait de défiler à la parade ; mais peu à peu la *furia* naturelle gagne jusqu'au dernier goumier ; la fièvre règne dans leurs rangs ; ils donnent avec une sorte de rage de l'éperon dans le ventre de leur cheval. Celui-ci se cabre, s'emporte et rue. Chaque homme fait partir son fusil, qu'il brandit d'une main ; il lance l'arme en l'air et la rattrape avec dextérité ; les chevaux hennissent, les cavaliers pous-

1. On appelle ainsi les ouvriers qui préparent et transportent l'alfa.

sent de véritables hurlements; puis encore et surtout des coups de fusil qui, d'abord isolés, se suivent
rapides et pressés comme un feu de file. Parfois un
des chevaux de sang, plus ardent que les autres, se
dresse sur ses pieds de derrière comme un petit chien
demandant du sucre. C'est alors que le cavalier peut
faire preuve d'habileté et de sang-froid en se cram-
ponnant aux guides, à la crinière, pour ne pas vider
les larges étriers à la turque, ce qui pourtant peut arriver. Ce spectacle se reproduit des centaines de fois ;
les coups de fusil se succèdent plus nombreux et plus
pressés, jusqu'à ce que chevaux, cavaliers avec leurs
armes et tout l'attirail disparaissent au milieu d'un
épais nuage de poussière, comme s'il s'agissait de
quelque belliqueuse vision.

Oran fait une excellente impression sur le visiteur.
C'est une ville d'initiative hardie, où les instincts
commerciaux sont largement développés, à l'améri-
caine. On se plaint de certaines entraves mises à
l'activité et à l'expansion du commerce oranais. Les
habitants gémissent surtout sur l'insuffisance du port
actuel, très pittoresque comme position, offrant une
vue superbe jusqu'à la pointe de Mers-el-Kebir, mais
qui n'a pas l'étendue et les proportions auxquelles
peut prétendre un mouvement d'exportation de qua-
rante millions de francs et plus. De même que dans
leurs entreprises, les Oranais ont l'esprit large aux
points de vue politique et religieux. Rarement les
différentes confessions s'entendent aussi bien et
font aussi bon ménage qu'ici ; dans tout le reste de

l'Algérie on a accueilli avec une certaine froideur et même avec hostilité le décret rendu en 1870 par M. Crémieux et conférant aux Israélites d'Algérie les droits de citoyens français. A Oran cette naturalisation d'office et en masse a eu des effets très appréciables et immédiats. La colonie juive d'Oran est très considérable, et ceux qui en font partie occupent des positions importantes dans le commerce local. Leurs compatriotes ne se sont pas fait prier pour les recevoir sur le même pied, et peu de temps après cet acte d'émancipation que la république, juste et équitable, a maintenu, une des plus importantes charges municipales d'Oran était confiée à un des nouveaux citoyen.

Il est impossible de quitter l'Oranais sans signaler à l'attention des touristes la ville de Tlemcen, qui contient tant de précieux vestiges de l'ancien art mauresque. Le voyage d'Oran à Tlemcen n'est pas des plus attrayants : on ne sort pas de la poussière, et le paysage est brûlé par un soleil torride qui chôme à peine deux mois par an. Mais au bout de ce pèlerinage, l'archéologue, le savant et même le simple amateur trouveront une longue journée et peut-être même deux à consacrer à l'examen des trésors de l'antiquité arabe. Il est là une mosquée qui peut rivaliser avec tout ce que Cordoue et Grenade offrent de plus attrayant, et les autres édifices racontent avec l'éloquence du langage architectural que la petite ville de garnison d'aujourd'hui rayonnait jadis sur le monde musulman d'Afrique.

Vue d'Oran.

V

Alger est une ville d'aspect cosmopolite ; Oran a
un caractère demi mauresque, demi espagnol; Constantine est la ville arabe, la cité barbaresque par excellence. Les premiers explorateurs européens qui
ont vu surgir cet amas de maisons, de mosquées et
de bicoques se dressant sur les flancs d'un rocher
escarpé et qui en couronnent le faîte, ont comparé
Constantine à une aire d'aigle habitée par des êtres
à peu près humains. Cette comparaison est tellement
exacte, tellement frappante, qu'elle s'impose d'elle-
même. La capitale de la troisième province d'Alger

est donc une ville d'aspect farouche, très incommode
à habiter, où les passants sont condamnés à grimper
perpétuellement, mais fort pittoresque. Le terrible
torrent-fleuve dont le nom seul, le Rummel, semble
indiquer le perpétuel rugissement, contourne le rocher
qui sert de piédestal à la ville. Les eaux ont creusé
un ravin circulaire dont la vue seule attirerait bien
des touristes en Europe. Ce ravin a une profondeur
de 7 à 800 pieds, et l'on peut le contempler de l'extré-
mité de chaque rue, qui se termine ici par un parapet
d'où l'on découvre cet étrange panorama. Quant au
Rummel, après avoir mugi et rugi à son aise autour
des escarpements de cette ville accidentée, il coule
dans la plaine comme un fleuve calme et honnête. Depuis quinze ans on a beaucoup fait pour *moderniser*
la ville de Constantine, qui, bientôt, recouvrera le
nombre de 40,000 habitants qu'elle possédait au
temps de sa plus grande prospérité. La place du
Gouvernement, qui se trouve au centre du plateau,
est d'aspect tout à fait européen, et la « société »
s'y promène en foule quand la musique joue. Au-
dessus du rocher de Constantine proprement dit, se
dresse une montagne plus haute, placée là pour do-
miner et protéger à la fois la ville. C'est la Mansoura,
couverte de verdure et au-dessus de laquelle planent
de préférence d'immenses aigles, que les chasseurs du
pays, posés en embuscade, ne manquent pas toujours.
Souvent même l'animal, blessé, gisant à terre, est
pris, ficelé aux pattes et apporté en triomphe. Quant
aux vulgaires vautours et autres oiseaux de proie

qui battent des ailes au-dessus des maisons de la ville
arabe, ce sont des hôtes trop communs, trop vulgaires,
pour leur faire l'honneur de les citer. Les panthères
et les hyènes aiment aussi à rôder dans les environs,
et les chasseurs de fauves peuvent y déployer toute
leur adresse et tout leur courage.

De même que le climat montagnard est rude (l'hiver
est glacial comme dans le nord de l'Allemagne et parfois comme en Russie), le caractère des indigènes est
plus âpre et bien moins conciliant qu'à Alger ou Oran.
Et pourtant les malheureux habitants de Constantine,
qui paraissent les derniers prêts à accepter la domination française, doivent à la conquête leur délivrance
du joug le plus odieux et le plus sanguinaire qui eût
jamais pesé sur un peuple. Le dernier bey de la province, Achmet, était, s'il faut en croire et la légende
et l'histoire, une sorte de Néron berbère. Il tuait, il
pressurait, il volait. La fantaisie lui prit de se faire
construire dans ce site sauvage, au milieu d'une population pauvre, un beau palais mauresque digne
d'un quasi-monarque ambitieux. Il voulait singer le
célèbre Méhémet-Ali, dont les châteaux, conaks et
kiosques avaient frappé son imagination pendant un
voyage entrepris en Égypte. Pour satisfaire cette
fantaisie, les propriétés particulières pouvant fournir
quelque objet riche ou précieux furent mises à con-
tribution ; les individus soumis à la loi d'Achmet durent payer de très gros impôts, et ceux qui n'avaient
rien dans l'escarcelle furent conduits à coups de cour-
bache aux chantiers et forcés de travailler.

Parfois le comique se mêlait au sérieux dans ces réquisitions. Un jour le bey manifeste à son intendant le désir, lisez l'ordre, de faire peindre quelques panneaux d'une salle de bains. L'intendant se serait bien gardé de formuler la moindre opposition. Il obéit à tout hasard, et c'est après seulement qu'il réfléchit où il pourrait bien trouver un artiste. Les musulmans ne le sont guère : la loi de Mahomet, qui réprouve la reproduction du visage humain, n'encourage pas la peinture.

L'intendant se souvint alors d'un détenu chrétien qui pourrissait, pour une raison quelconque, dans les casemates de la Casbah. Il le fait venir et lui ordonne de commencer à peindre les panneaux indiqués par Sa Hautesse. Le prisonnier se lamente ; il est cordonnier de son état et n'a jamais touché un pinceau. Mais l'intendant ne veut rien écouter, il répond aux arguments par des coups de cravache énergiquement appliqués, et il en promet autant si, au bout d'un laps de temps, les panneaux ne commencent pas à être décorés. Et Molière croyait peut-être inventer en écrivant le *Médecin malgré lui !* Le peintre malgré lui se mit à l'ouvrage, sans conviction, mais par crainte des coups. Il peignit tant bien que mal ce qui lui passait par la tête, et comme il était capable de le faire : des bonshommes, des chevaux, une barque, etc., tout cela d'un aspect des moins artistiques et des plus embrouillés. Le pauvre homme tremblait à l'idée de l'accueil que recevraient ses enluminures ; il se voyait déjà pendu, écartelé, que sais-je ! mais, ô surprise,

l'intendant est enchanté; Sa Hautesse est dans l'admiration. Le cordonnier est complimenté; on lui fait
un cadeau et on lui rend la liberté! Ce palais fantas-
tique a été achevé peu de temps avant la conquête
de Constantine par les Français; il sert aujourd'hui
de quartier général au chef de la subdivision qui,
sans doute, n'aura pas conservé les fameuses pein-
tures du cordonnier.

Mais Achmet-Bey n'avait pas seulement des caprices architecturaux; il en avait d'autres, purement
sanguinaires. On estime à trois mille le nombre des
malheureux qu'il a envoyés au supplice; beaucoup
périrent de la mort la plus terrible : on les cousait
dans des sacs, que l'on précipitait ensuite dans le ravin du Rummel. Ce genre de mort était surtout ré-
servé aux femmes que le terrible tyran soupçonnait
d'infidélité. Quand les bourreaux n'allaient pas assez
vite en besogne à son gré, le farouche Achmet prenait
lui-même le cimeterre ou le poignard en main et mas-
sacrait la victime, homme, femme ou enfant, qui
avait encouru son courroux. Lorsque l'expédition
française se présenta devant Alger, ce fauve se mit à
la tête de son contingent et accourut au secours du
dey. Après la prise d'Alger, Achmet se replia en bon
ordre sur Constantine, ramenant non seulement ses
propres troupes, mais encore plusieurs bataillons du
dey. Les habitants de Constantine, qui se croyaient
déjà débarrassés de leur oppresseur, refusèrent de lui
ouvrir les portes de la ville; il en fit le siège, pénétra
par la brèche et se vengea amplement de ceux qui

avaient tenté de l'exproprier. Pendant six ans, il régna encore sur ses sujets terrifiés ; puis les Français, conduits par le comte Damrémont, s'emparèrent de la ville après un long siège et un assaut qui coûta la vie au général en chef. Achmet réussit à s'enfuir dans la montagne ; plus tard il fit sa soumission ; on lui octroya une pension, des honneurs et on le traita avec beaucoup plus d'égards qu'il n'en méritait.

Beaucoup des habitants de Constantine n'eurent pas toute la chance du tyran. Ces fanatiques craignaient, paraît-il, d'être passés au fil de l'épée par les *roumis*, et, pour échapper au sort qu'ils redoutaient, ils eurent recours à un moyen digne du célèbre Gribouille, qui, par crainte de la pluie, se jeta dans le fleuve. Tandis que les bataillons français pénétraient dans la ville d'un côté, des grappes humaines de Constantinois, suspendues à des cordes, tentaient de descendre dans le ravin creusé par le Rummel, espérant se sauver par là dans les montagnes. Mais beaucoup de ces cordes, incapables de supporter ces poids énormes, se rompirent, et des familles entières d'indigènes périrent de la mort la plus affreuse. Aujourd'hui une pyramide de pierre, avec inscriptions, s'élève à l'endroit où le général Damrémont fut frappé par un boulet au moment où il inspectait une batterie. Il était à côté du duc de Némours et allait passer une lorgnette au prince pour lui permettre d'examiner les résultats de la canonnade de la veille, lorsqu'il fut atteint et tué net. Le lendemain l'assaut fut donné, et certes le désir de venger leur chef fut pour beau-

Un quartier arabe à Constantine.

coup dans l'entraînement des soldats, qui culbutèrent
tous les obstacles et tous les ennemis pour arriver au
cœur de la place tant convoitée.

.A cette époque et pendant les années qui suivirent
l'occupation, Constantine n'était rien moins qu'un paradis. Pour y arriver, il fallait passer à travers les
fondrières ; les voitures ne circulaient pas la plus
grande partie de l'année, faute de chemins suffisants.
Le voyageur n'avait d'autre ressource que la croupe
du fameux coursier arabe, et lorsqu'il passait sain et
sauf sous les arcades de la porte Vallée, il pouvait re-
mercier les dieux d'avoir échappé aux Arabes, Kabyles et Bédouins qui, à peine vaincus et pas du tout
soumis, faisaient le coup de feu sur toutes les routes.
Il faut lire le récit du voyage d'une dame anglaise
qui s'avisa d'entreprendre une excursion dite de plaisir sur le territoire africain, aux mois de décembre
1846 et de janvier 1847. La touriste qui, à en juger
par ses caravanes, paraît douée d'une bonne dose de
courage et de résolution, trace de l'Algérie un tel tableau, que les voyageurs les plus intrépides devaient
se sentir dégoûtés d'y mettre jamais les pieds. Il est
vrai que la pauvrette ne pouvait pas plus mal tomber. A peine sortie du port de Marseille le steamer
qui la porte, elle, un compagnon de route, sa femme
de chambre et son chien, est assailli par une tempête
à grand orchestre. On venait alors d'inventer les
roufles, les salons circulaires amarrés sur le pont, et
Mme Schwartz s'était bien promis de ne pas quitter un
tel lieu de délices, où le confort des cabines s'alliait à

la respiration des brises marines et à la contemplation du ciel bleu. Hélas ! le premier coup de lame
rend le roufle inhabitable, et Mme Schwartz est obligée de se réfugier dans les cabines dédaignées, que
l'ouragan secoue et dont l'atmosphère est viciée par
les rendements de compte d'une foule d'estomacs que
le roulis agite. A peine reposée à Alger, Mme Schwartz
s'embarque sur *l'Euphrate* pour gagner Stora et de
là Constantine. Hélas ! la tempête entre Marseille et
Alger n'était qu'un doux zéphyr comparée à ces fu-
reurs de la mer qui porte ce malencontreux *Euphrate*
qui, en 1847 déjà, où la navigation à vapeur était à
ses débuts, passait pour une vieille carcasse. On arrive en vue de Stora, qui, au temps des pirates, était
le port de Constantine. Impossible d'aborder. D'ailleurs le commandant du port s'y oppose. A chaque
instant *l'Euphrate* est obligé de chasser au large pour
n'être pas jeté sur la côte et brisé comme verre. Il y
a trois cents soldats à bord, qui devaient débarquer;
on est obligé de les conduire jusqu'à Bône. Pourtant,
malgré la défense du commandant du port, voici une
barque qui, après mille traverses, après avoir failli
sombrer cent fois, aborde *l'Euphrate*. Quelques
hommes au visage hâve, d'aspect peu rassurant, sur-
gissent comme des tritons au-dessus de l'écume ; ils
grimpent à bord du vapeur et se déclarent prêts à
porter à terre les passagers qui voudront payer ce
service cinquante francs. Mme Schwartz est économe;
elle marchande, et finalement elle obtient que ces
soldats condamnés aux travaux publics (car les tri-

tons appartiennent à cette catégorie) la porteront à
terre avec toute sa suite et ses bagages moyennant
cette même somme de cinquante francs. Les pauvres
diables n'ont pas le choix, et la caravane débarque
à temps pour assister de la terre ferme au naufrage
d'un navire anglais *la Scotia,* qui s'ouvre et disparaît
pièce à pièce, tandis que l'équipage et les passagers
sont recueillis par *l'Euphrate.*

O puissance colonisatrice ! C'est à peine si quelques centaines de colons européens vivent chichement
dans des cabanes basses et empestées de ce rivage ;
ils n'ont pu encore apporter sur cette terre d'Afrique
ni l'instruction ni le génie du progrès, qui domine
l'Europe ; ils vivent d'une existence qui est au-dessous
de celle des derniers Maures d'Alger ; ils sont misérables et exilés. Mais il est un produit européen qu'ils
ont importé et transplanté, qui croît et qui prospère,
c'est la médisance. Tandis que *la Scotia,* brisée par
l'ouragan, s'abîme dans les flots, de bonnes âmes racontent que le capitaine l'a fait sombrer exprès pour
toucher la grosse prime d'assurance. Ainsi Basile
avait pris pied sur la terre africaine bien avant qu'il
y eût là des théâtres pour représenter le *Barbier de
Séville.*

De Stora la voyageuse se rend à Philippeville, alors
une misérable bourgade. Il gèle à pierre fendre ; impossible d'avoir du feu dans l'hôtel : « Nous ne pouvons pas allumer les cheminées par un vent pareil, »
déclare le garçon ; il faut s'enfouir sous les couver-
tures pour ne pas geler tout à fait. Puis le voyage

en diligence jusqu'à Constantine est une véritable
odyssée. Voyez-vous cette dame du meilleur monde
obligée de passer une nuit entière au milieu des *zéphyrs,* des rouliers ivres, et de semblables compa-
gnons! Constantine même était alors si triste, si dé-
solée, si morne, que les officiers qui y étaient envoyés
considéraient cette garnison comme un exil, et cette
mesure de proscription leur semble douce, comparée
aux privations et aux exigences d'une campagne dans
ce pays désert, inhospitalier et meurtrier.

Que de changements en un quart de siècle! Si aujourd'hui la touriste de 1847 revenait sur ses pas,
son bateau entrerait commodément dans le port de
Philippeville, qui est devenu, depuis la chute du roi
dont elle porte le nom, une très jolie cité de 20,000
âmes, avec des maisons à l'européenne, des habitations confortables et des hôtels où il fait tiède l'été et
chaud l'hiver. Un chemin de fer, construit à grands
frais, conduirait Mme Schwarz à Constantine, où elle
trouverait une population gaie, prête à saisir toutes
les occasions de s'amuser, avec des officiers pimpants
et des troupiers à la mine goguenarde, qui n'ont pas
du tout l'air d'être en exil. Ajoutons, pour les amateurs
de pittoresque, qui ont toujours des appréhensions
quand on parle des villes assainies, parées et moder-
nisées, que l'ancien quartier turc de Constantine n'a
pas été anéanti; qu'il est aussi sale et aussi mal
odorant qu'autrefois; que, dans les cafés maures, ta-
pissés de nattes, les consommateurs ont toujours les
jambes croisées, fument leur chibouque, boivent du

café et jouent aux dames. Le Rummel a toujours son aspect terrible ; le ravin est toujours aussi profond, les vautours s'attachent au flanc de ce rocher merveilleux et les aigles battent des ailes au-dessus des coteaux verdoyants de la Mansoura. Les guides indigènes ou européens vous montreront la brèche par laquelle le général Lamoricière et ses zouaves, soldats fantaisistes, qui passaient pour des soldats fantastiques, pénétrèrent dans ce repaire, que sa position semblait devoir garder à tout jamais de toute attaque victorieuse, et on vous indiquera également le plateau sur lequel, en 1851, six mois avant de razzier les Parisiens, sous prétexte de coup d'État, le maréchal Saint-Arnaud réunit une forte colonne de troupes, flanquée d'artillerie, pour exécuter une razzia en pays kabyle, préludant ainsi à la conquête formelle de la Grande-Kabylie, qui fut réservée au maréchal Randon, et dont nous aurons l'occasion de parler plus tard.

VI

COMMENT ALGER FUT PRIS

Les puissances que l'on appellerait aujourd'hui européennes et qu'autrefois on désignait sous le nom d'États chrétiens, ressentaient toutes l'humiliation de l'empire qu'exerçaient les pirates d'Alger sur tout navire, sur tout ballot de marchandises, sur tout voyageur que portait la Méditerranée. Les plus grands potentats, Charles-Quint et Louis XIV, armèrent des flottes pour mettre un terme à ce système de rapines et d'exactions. Ni le monarque austro-espagnol ni le roi-soleil ne réussirent. L'*armada* de Charles-Quint fut dispersée par les vents, et les amiraux de Louis XIV durent se contenter de brûler un certain nombre de maisons et de tuer quantité de Turçs. Au retour de l'expédition de Duquesne, l'immortel Molière pouvait

faire figurer comme actualité la fameuse galère con-
fisquée par les pirates d'Alger dans *les Fourberies de
Scapin*. Napoléon, qui avait à craindre sur mer les
corsaires anglais, autrement redoutables que ceux
d'Alger, ne s'occupa point des pirates de la Casbah ;
mais les écrivains dévoués à la Restauration affir-
ment tous que, dès 1814, la destruction ou la conquête
d'Alger, c'est-à-dire l'affranchissement de la Méditerranée, faisait partie du programme bourbonien. En
tout cas, l'exécution de cet article fut l'avant-dernier
acte de la Restauration. Le dernier, moins utile et
moins honorable aux yeux de l'histoire, ce furent les
ordonnances de juillet.

Pour provoquer le conflit avec Alger, il fallait une
occasion ou un prétexte. Il s'offrit en 1827. Le dey,
c'est-à-dire le véritable souverain de la régence, ré-
clamait deux millions et demi à la France pour four-
nitures de blé faites jadis au Directoire par l'inter-
médiaire d'un nommé Bastien. Le consul, M. Delval,
s'épuisait en arguments pour faire comprendre à Sa
Hautesse que le litige devait être tranché par les tri-
bunaux français. Hussein-Dey ne reconnaissait pas
cette juridiction et il s'indignait des lenteurs de la
procédure. « Si un de mes sujets, disait-il, devait de
l'argent au roi de France, je le forcerais à payer dans
les vingt-quatre heures, et s'il ne s'exécutait pas, je
lui ferais trancher la tête. » M. Delval explique encore qu'en France on ne pouvait employer des moyens
aussi expéditifs, et ce fut au cours d'un de ces entretiens aigres-doux que Hussein, exaspéré par le calme

imperturbable et fort impertinent du consul de France,
lui lança son chasse-mouches à la tête.

On suppose généralement qu'à la suite de ce coup
d'éventail une armée française fut immédiatement
dirigée sur l'Afrique septentrionale, et qu'entre l'offense et la réparation il ne s'écoula pas plus de temps
qu'il n'en fallait matériellement pour venger l'outrage.
C'est une erreur. Lorsque la conduite du dey fut
connue à Paris, on se contenta d'envoyer une croi-
sière composée de trois vaisseaux qui surveillait le
port d'Alger en tâchant d'empêcher l'entrée des navires de commerce. Cette faction peu récréative pour
les marins, très coûteuse pour notre trésor et nullement efficace dura deux ans et demi. C'est seulement à l'avènement du funeste ministère Polignac
que l'expédition fut mise sur le tapis et approuvée,
non sans beaucoup d'objections et une lutte opiniâ-
tre contre les bureaux de la marine, qui déclaraient
que l'entreprise était impossible. Mais le général
Bourmont, ministre de la guerre, voulait prendre
Alger; il réussit à force d'énergie à battre en brèche
ses adversaires et même ses collègues du conseil, et
en faisant entrevoir habilement au duc de Raguse
que le commandement lui était destiné, il vainquit
les scrupules du Dauphin, dont le maréchal Marmont
était l'infaillible conseiller. Mais Bourmont se réser-
vait pour lui-même le commandement de l'armée de
terre et la suprématie sur la flotte. Dès janvier 1830,
les dispositions furent prises pour réunir dans le port
de Toulon 350 navires de toute dimension, portant

une armée de 40,000 hommes, avec tout le matériel de siège et de campagne. Il existait dans les archives du ministère de la marine un plan pour une grande expédition d'Alger, datant de l'Empire et élaboré par le capitaine de vaisseau Boutin. Cet important document servit de guide.

Au commencement de mai 1830, l'armée expéditionnaire campait aux portes de Toulon ; les navires étaient réunis dans le port. On préluda à la conquête par des revues d'apparat, des manœuvres, des dîners, des bals, qui furent donnés en l'honneur du Dauphin, qui, après les lauriers de la campagne du Trocadéro, se croyait tout aussi bien un foudre de guerre que le lièvre de la Fable, et qui avait voulu emflammer les partants par sa présence.

Quand on eut bien banqueté, festoyé et dansé, le départ n'eut pas lieu. L'amiral Duperré partageait au fond les répugnances des bureaux ; il avait pris le commandement avec l'arrière-pensée qu'il ne serait pas appelé à l'exercer effectivement, et il semblait attendre à dessein la solution de quelques questions diplomatiques qui auraient pu rendre l'expédition inutile.

Mais Charles X était décidé à ne pas céder, et le prince de Polignac comptait sur l'effet d'une belle campagne pour mettre impunément à exécution ses projets de coup d'État. Les troupes s'impatientaient, il fallait partir. Le 28 mai, la magnifique flotte, l'interminable file de vaisseaux se mit en mouvement. Le vent était favorable, il semblait pousser les navires les uns sur les autres vers le Goulet. *La Ville de Paris* passa la première. La nuit était tombée depuis longtemps quand le dernier brick franchit la passe. Tous ces navires étaient encore des voiliers; mais des petits vapeurs fumants et agiles servaient d'estafettes, et allaient porter de vaisseau en vaisseau les ordres du général en chef. La traversée fut bonne; le quatrième jour, on voyait poindre dans la brume du matin les falaises de la côte d'Afrique, quand tout à coup ordre est donné de faire voile en arrière. Les navires gagnent la rade de Palma, dans les Baléares, où l'expédition est arrêtée pendant douze jours, sous différents prétextes, tandis que les matelots s'impatientent et que les soldats sont démoralisés.

Enfin, le 12, on donne à nouveau le signal du départ; le 14, au matin, on voit luire Alger la blanche, avec sa redoutable enceinte toute hérissée de canons avec le château de l'Empereur et la Casbah, bastille et palais à la fois, où, depuis 1818, le dey a établi sa résidence, au milieu de ses janissaires. Mais on ne songe pas à débarquer ici, les canons broieraient tout; les transports se massent en face de la petite presqu'île de Sidi-Ferruch, qui, à une lieue et demie d'Alger, s'avance de sept kilomètres environ dans la mer. Une fois que l'on aura pris pied solidement sur cette proéminence de la terre africaine, le siège d'Alger pourra commencer efficacement. Les batteries de terre, élevées sur les collines qui dominent la ville, le château de l'Empereur et la Casbah, tonneront en même temps que les batteries flottantes des vaisseaux réunis dans la rade.

Par suite d'une chance incroyable, due, paraît-il, à l'avarice du dey, qui avait négligé de faire armer et occuper les ouvrages qui, pour nous servir d'un terme militaire spécial, commandaient la rade de Sidi-Ferruch, la mise à terre d'une armée de près de 40,000 hommes s'effectua sans difficulté, sans perte. A la grande joie et à la grande surprise de l'amiral et des généraux qui s'attendaient à une affaire très vive et très meurtrière, pas un coup de canon, pas un coup de fusil ne fut tiré. De grands bateaux plats, des chalands ou des bateaux-bœufs conduisaient à terre les troupes divisées en une multitude d'escouades; mais les soldats, impatients, ne pouvaient attendre le moment de débarquer. Beaucoup sautèrent dans la mer et gagnèrent le rivage pataugeant dans l'eau jusqu'à mi-jambe. Rien ne vint troubler cette importante opération, qui dura toute la journée, et le soir des centaines de feux de bivouac, autour desquels étaient groupés les soldats de Bourmont, flambaient joyeusement, annonçant la première étape de la conquête. Le général Bourmont avait établi son quartier général dans une petite mosquée contenant la tombe d'un marabout célèbre; c'est de là même que partirent les ordres pour l'attaque.

En principe, il avait été décidé de prendre Alger à revers et d'attaquer en premier lieu un camp dont les tentes blanches se profilaient sur une hauteur, le camp de *Staoueli*. C'est là que les meilleures troupes du dey étaient concentrées, Turcs, Arabes, Bédouins, commandés par le grand aga des janissaires. Du 14 au 19 juin, on échangea des coups de fusil avec des Arabes ou des Turcs qui approchaient du camp français. Le 16 juin, une tempête épouvantable assaillit la flotte ; les vaisseaux étaient entraînés au loin ou jetés vers la côte, comme des raquettes renvoyées par la paume de joueurs vigoureux. Plusieurs bâtiments périrent, tous furent en péril, et déjà l'on discutait dans la mosquée, autour du général en chef, l'éventualité d'une perte complète de la flotte et de l'isolement de l'armée expéditionnaire. Mais si la tempête, dont le pinceau du peintre de marine Gudin, qui suivait l'expédition, a retracé les horreurs, fut violente, elle ne dura pas longtemps ; vers le soir, le courroux des flots s'était apaisé, et comme pour se venger des terreurs passagères ressenties dans la journée, la gaieté française brilla de son plus vif éclat. Un industriel entreprenant, Ch. Hennequin, de Nantes, avait eu l'idée de garnir un brick des friandises les plus alléchantes, pâtés de gibier, terrines de foie truffées, etc., sans compter une cave très assortie, où les meilleurs crus et le champagne le plus pétillant étaient largement représentés. Neptune avait eu la galanterie de respecter ce navire-restaurant. On fit largement honneur à ces provisions miraculeusement sauvées, soit à bord du navire même, soit sous une vaste tente établie sur le rivage ; les officiers d'état-major, portant presque tous des noms héraldiques, tous jeunes, très brillants et très élégants, se traitaient comme ils avaient l'habitude de le faire dans les cabarets du boulevard de Gand. Entre deux ver-

res de champagne on allait aux avant-postes échan-
ger des coups de feu avec ces cavaliers du désert,
dont l'apparition, l'armement, les montures, tout
enfin était l'objet de la curiosité générale.

Jusque-là aucun de ces étranges ennemis n'avait
été capturé, lorsque, le 17 juin, un vieil Arabe à barbe
blanche, vêtu de haillons, se présenta aux avant-
postes et fit comprendre par signes qu'il désirait parler au général en chef. On l'y conduisit, et là il déclara
qu'il était le chef de quelques tribus gémissant sous
l'oppression des Turcs, et il demanda si les Français
pouvaient délivrer ses compatriotes et s'ils respec-
teraient la religion musulmane. Il reçut à cet égard
les assurances les plus complètes. Satisfait, il demanda
à s'en retourner parmi les siens et à faire de la pro-
pagande pour la France. On donna à ce principal allié des proclamations arabes rédigées par le premier
interprète de l'armée, Brassevitsch, et on le recon-
duisit aux avant-postes. Il n'eut guère le temps de
mettre ses projets à exécution ; des Bédouins saisi-
rent le malheureux, tandis qu'il se rendait du camp
à la ville ; ils trouvèrent les proclamations, qui prou-
vèrent la connivence de ce chef de tribus avec l'ennemi, et le dey lui fit trancher la tête.

Pourtant il fallait songer à sortir de la presqu'île de
Sidi-Ferruch et s'avancer dans la direction de la ville.
D'ailleurs des espions rapportaient qu'une attaque
générale de la part des Turcs était imminente. Il importait de les prévenir et de détruire, si faire se pouvait, ce camp de Staouéli qui barrait la route d'Alger.

La baie de Sidi-Ferruch.

Une brigade devait opérer une diversion dans la
direction d'Alger, tandis que deux divisions escala-
deraient le plateau en passant par des chemins impra-
ticables, en grimpant au milieu des ronces et des
broussailles et en côtoyant des précipices où le moindre faux pas fait glisser hommes et bêtes.

La défense des soldats du dey fut très acharnée ; le
vieux fatalisme des Turcs, leur dédain de la mort fit
merveille. La brigade chargée du feint mouvement
sur Alger fut très maltraitée et dut finalement battre
en retraite. Encouragés par ce premier succès, les
Turcs manœuvrèrent de façon à couper l'armée expéditionnaire du rivage et à la rejeter au delà d'Alger, où les essaims de Bédouins lui auraient fait un
mauvais parti. Non seulement ce plan fut déjoué ;
mais, après une bataille de douze heures, le camp
de Staouéli fut pris, et un général français s'ins-
talla sous la tente luxueusement meublée de l'agha
des janissaires, que le dey Hussein reçut avec force
invectives et railleries lorsqu'il se présenta en fugitif
à la Casbah. Quant aux fuyards simples soldats, loin
de leur ouvrir les portes de la Casbah, le dey ordonna
de les canonner, et ils durent retourner au feu.

Après avoir admiré les magnificences et la richesse
des objets tombés en leur pouvoir, les armes de luxe,
les fusils incrustés, les sabres, dont les gaines et les
poignées, garnies de pierres, étaient également précieuses, les tapis, les tentures et bien d'autres choses
encore, les Français continuèrent les opérations sans
laisser le temps à l'ennemi de se recueillir. Avec une

rapidité surprenante, le génie construisit une route
pour amener le matériel de siège sur les hauteurs
d'où l'on pouvait battre en brèche le château de l'Empereur, élevé sur l'emplacement même où fut dressée
la tente de Charles-Quint. C'était un donjon carré entouré de murs crénelés ; toutes ses embrasures étaient
garnies de canons, dont plusieurs, il est vrai, dataient
encore de la malheureuse expédition du monarque
austro-espagnol.

Ce fort de l'Empereur ou, comme l'appelaient les
Algériens, « *Sultan Calaiou,* » était la sentinelle
avancée de la Casbah ; une fois pris ou détruit, la
route d'Alger était ouverte. Du 23 au 28, le temps
fut encore consacré à des escarmouches ; les Français
perdaient passablement de monde dans ces affaires ;
il importait de brusquer le résultat. Le 28 juin, les
batteries furent démasquées et le tir, admirablement
réglé, produisit grand effet dès le début. Les Turcs
faisaient feu à toute volée et leur canonnade était
bien plus intense que la nôtre ; mais leurs boulets arrivaient à peine dans les rangs français. A midi la
muraille extérieure avait deux brèches fort larges, et
les cadavres s'amoncelaient dans les cours. Les fu-
sées à la congrève surtout faisaient rage et terrifiaient
par leur sillage de feu les soldats du dey, qui ne con-
naissaient pas encore cet engin, dont l'emploi date
de la bataille de Leipzig. Des batteries françaises on
voyait comment les artilleurs turcs faisaient des efforts inouïs pour atteindre les boulets et ensuite les
jeter hors du camp fortifié. Ce périlleux exercice,

comme on peut bien le supposer, ne réussissait que
très rarement, et la plupart du temps les artilleurs
étaient frappés en pleine poitrine par le projectile
qu'ils essayaient de détourner. Plus la journée avançait, plus l'artillerie faisait des ravages. Alors le commandant du fort de l'Empereur prit une résolution
désespérée. Une explosion formidable retentit, un jet
de flammes s'échappe comme d'un cratère, des débris
de toute sorte sont projetés dans l'air et retombent
calcinés ; puis ce sont encore quelques explosions
moins bruyantes suivies de jets de flamme plus petits, et lorsque ce rideau rougeâtre et noir s'est dis-
sipé, on aperçoit vide et marquée seulement par un
monceau de ruines la place de l'ancien fort de l'Empereur ; plutôt que d'amener son pavillon, ce commandant turc s'est fait sauter.

Sans perdre un instant, la hauteur est escaladée
par les Français, on y plante le drapeau blanc, et déjà
les dispositions sont prises pour envoyer dès le lendemain des volées de mitraille sur la Casbah.

Le fort de l'Empereur pris, les habitants de la
Casbah se rendirent parfaitement compte de l'inu-
tilité de toute résistance ultérieure. Peut-être l'altier
Hussein eût-il voulu tenter encore un effort ou imiter
l'exemple du commandant du donjon, en se faisant
sauter avec son entourage, ses harems et ses trésors ;
mais, vaincu, il n'était plus le maître. Les chefs des
janissaires, les caïds des tribus, envoyèrent un parlementaire, richement vêtu et agitant le drapeau blanc,
au camp français. Une longue entrevue eut lieu dans

la tranchée que l'on creusait; l'ancien interprète de l'armée d'Égypte, M. Brassewitsch, servait de truchement.

Tout d'abord le général de Bourmont demanda au négociateur s'il pouvait lui garantir l'assentiment du dey aux articles de la convention qui allait être conclue. Le Turc haussa les épaules. « Si vous voulez, dit-il au général français, je reviendrai dans deux heures avec le traité d'une main et la tête de Hussein de l'autre. » Bourmont refusa cette preuve trop péremptoire de l'impuissance du dey à empêcher le traité d'être valable; mais il exigea que Hussein signât la convention. On tomba d'accord sur les points suivants, qu'un officier d'ordonnance de Bourmont écrivit à la hâte sur une feuille de papier, en se servant de la forme de son shako en guise de pupitre : « Remise de la Casbah et de la ville d'Alger aux troupes françaises; embarquement des soldats turcs pour le Levant; garantie de la part des Français de respecter la personne et les propriétés particulières du dey; libre exercice de la religion mahométane accordé. » Le négociateur turc reprit la route de la Casbah, accompagné d'un officier d'ordonnance et de l'interprète Brassewitsch. Ce dernier fut saisi d'une telle émotion en apercevant l'appareil militaire dont le dey était entouré et en entendant les paroles de menace qu'il prononça, lorsque les négociateurs se présentèrent à lui, que le brave et digne vieillard en mourut de saisissement au bout de quelques jours et fut enterré au milieu de la première ivresse du triomphe.

Cependant Hussein se calma ; il approuva la convention et, en signe de paix, il fit apporter un bol d'orangeade, dont il but d'abord et qu'il tendit ensuite au vieil interprète.

Le soir même de ce jour (2 juillet), l'avant-garde française pénétrait dans la Casbah, et tandis que l'on embarquait les milices turques, dont la turbulence était à craindre, les soldats français s'installaient dans les casernes des janissaires ; le dey se retirait dans une petite maison maure appartenant à sa famille, et c'est dans les luxueux appartements du dey que le général de Bourmont tenait sa cour ; car bientôt les consuls, les dignitaires de la régence, les chefs de tribus, y affluèrent pour le complimenter et gagner ses bonnes grâces. Cette joie de la domination fut troublée par la terrible nouvelle que l'un des quatre fils qui avaient suivi leur père en Afrique, Amédée de Bourmont, avait succombé aux blessures reçues dans un des nombreux engagements partiels avec les cavaliers bédouins. Bientôt après la chute du roi Charles X, dont Bourmont était non seulement le général, mais aussi le ministre responsable aux yeux de la charte, força le conquérant d'Alger à déposer ses pouvoirs. Ayant conscience de l'impopularité qui pesait sur son nom depuis sa défection à la veille de Waterloo, et que son récent fait d'armes ne pouvait effacer aux yeux d'un gouvernement national, Bourmont s'embarqua avec quelques officiers courtisans de l'infortune, à bord d'une petite tartane qui faisait voile vers l'Espagne. A Alger toutes les dispositions furent

prises pour une occupation définitive de l'ancien nid
des pirates. Une commission de gouvernement fut
instituée ; on réorganisa l'administration municipale.
Dans la Casbah on travaillait au recensement des
canons, des fusils, des munitions, et l'on pesait également les sacs de sequins, de ducats, de louis d'or,
tributs levés sur l'Europe entière, et qui formaient le
trésor de la Casbah, dont il fut beaucoup question
dans la suite. Ce trésor se montait à soixante millions
de francs, et il paya une bonne partie des frais de
l'expédition. Quant au dey, il put emporter sa fortune
personnelle, ses bijoux et objets précieux. Il s'embar
qua pour Naples.

VII

UNE SUISSE AFRICAINE. — ORGANISATION MUNICI-
PALE. — PARTICULARITÉS. — LES LIONS MEN-
DIANTS. — UNE PARISIENNE AU DJURJURA. —
L'HOSPITALITÉ KABYLE. — MOKRANI ET L'IN-
SURRECTION DE 1871. — LE SIÈGE DE FORT
NATIONAL.

L'étrange pays, l'étrange peuple ! Comme paysage,
la Kabylie n'offre, en beaucoup d'endroits, rien d'africain ; c'est l'Europe alpestre, la Suisse, le Tyrol, la
Savoie ; dans le Djurjura, les points de vue, les pano-
ramas, mériteraient d'être cités dans les guides, et la
succession des montagnes et des vallées se reproduit
aussi brusquement et avec autant de soudaineté que
dans les contrées que hantent nos touristes européens
pendant leurs vacances.

Sur les montagnes et dans les vallées vit une population à part, qui n'est ni turque, ni maure, ni arabe,

qui a ses propres origines, et qui, à travers les âges,
a gardé son cachet et son originalité. Il est vrai que si
l'ancienneté était un titre à la possession politique du
sol, l'Algérie devrait reconnaître pour ses maîtres les
Kabyles, qui descendent des anciens Berbères, de ces
populations que la conquête romaine eut à combattre
et à vaincre sur la terre d'Afrique. Le croisement
des races et différents incidents ont peu à peu modifié
le type berbère, qui, chez les anciens déjà, était re-
nommé pour sa beauté. La peau notamment, qui,
dans l'origine, était d'une blancheur mate, s'est foncée
et brunie. Néanmoins la race n'est pas perdue ; dans
les revues, dans les fantasias ou quelquefois sur la
grande route, on peut admirer, drapé dans son burnous, se tenant fièrement en selle, quelque chef de
tribu ou de confédération (cheik ou aga) qui réalise
dans ses traits pleins de finesse et de douceur, par
son œil d'aigle et le contraste d'une barbe du plus
pur ébène avec le teint de lait de son visage, l'idéal
de la beauté masculine. Comme tous les montagnards
qui ne veulent pas mourir de faim sur leur rocher, les
Kabyles sont de rudes travailleurs. Ils ont accepté la
lutte contre un sol aride et ingrat, et dans beaucoup
d'endroits ils sont restés vainqueurs. Tout d'abord,
tandis que l'Arabe vit sous la tente, le Kabyle s'est
construit des maisons, de véritables maisons en
pierre, qui valent certainement beauconp de maisons
de paysans français. Ces habitations, groupées sur le
flanc des montagnes, étincellent, vues de la plaine,
comme autant de points blancs sur un fond d'azur.

Village kabyle.

Puis le propriétaire kabyle a eu la coquetterie de
sa propriété ; il l'a entourée d'une ceinture de verdure ; il l'a enchâssée au milieu d'une végétation qui
certes n'a pas été facile à planter sur de telles hauteurs,
et qu'il est encore bien plus difficile d'entretenir. Mais
le Kabyle, quand il a conçu l'idée d'un travail, est
têtu, il ne recule devant aucune tâche ni même devant
aucun péril ; en traversant ces contrées il n'est pas rare
de voir des hommes vêtus d'une simple chemise nouée
à la taille par une ceinture bariolée, et coiffés d'un
vaste chapeau de paille qui les protégera contre les ardeurs du soleil, attachés par des cordes, suspendus
par le milieu du corps au-dessus de l'abîme et tail-
lant le roc à coups de pioche. Aussi les jardins kabyles sont-ils célèbres dans toute l'Afrique du Nord,
et dans les villes les colons européens recherchent
les ouvriers jardiniers de la montagne. Quand ils cher-
chent à s'embaucher, les Kabyles trouvent toujours
rapidement preneurs, et, la saison finie, ils peuvent retourner dans leur aire avec un sac de *boudjous*[1] péni-
blement économisés.

Jusqu'à la révolte de 1871, dont nous parlerons plus
loin, les Kabyles, bien que soumis à l'autorité de la
France, avaient conservé une autonomie complète
pour leur administration intérieure. Le système des
villages formant des tribus, et des tribus réunies en
confédération, avait été respecté. Chaque village for-

---

1. Les Arabes appellent ainsi par extension toutes les pièces de
monnaie d'origine française.

mait alors une petite république pratiquant le *self-government* dans le sens le plus large. Chaque fusil, c'est ainsi qu'en Kabylie on désigne les hommes valides, assistait aux réunions générales, aux *Landsgemeinde*, qui discutaient et tranchaient toutes les questions, grandes et petites, tarifant les impôts, décidant de l'accession à telle ou telle confédération, arrêtant la paix ou la guerre. Ces assemblées, paraît-il, étaient tout aussi émouvantes et tout aussi animées que les séances de certains parlements d'Europe. On y échangeait des injures dignes d'Homère, et quelquefois l'expression symbolique de « fusil » employée pour désigner un électeur, cessait d'être une figure, et c'est en faisant parler la poudre que les questions les plus ardues se résolvaient. Les Kabyles avaient également gardé leur juridiction et leur code particulier. Presque chaque crime et chaque délit y étaient punis d'une simple amende ; quant aux crimes qui appelaient forcément des peines corporelles plus efficaces que les amendes, les vieux marabouts kabyles vous répondront que de mémoire d'homme ces méfaits n'ont pas été commis en Kabylie. Maintenant je ne vous engage pas à prendre les affirmations des grands prêtres du Djurjura pour parole d'Évangile, bien que le Kabyle soit persuadé que tout ce qui sort d'une bouche vénérable d'ecclésiastique doive être pris à la lettre.

Bien que la religion musulmane, telle que la pratiquent les montagnards, constitue une sorte de schisme et que le rituel surtout diffère de celui en usage chez

les gens de la plaine, ils ont tous la profonde véné-
ration de la hiérarchie, et ils traduisent leurs sentiments, non seulement par les manifestations extérieu-
res, mais aussi par des dons et des offrandes. Le Kabyle
ne rentrera pas sa moisson de blé ou d'olives sans
offrir la dîme volontaire au prédicateur qui interprète les textes du Coran, et, malgré tous ses principes
d'économie, il ne verra aucun homme de mosquée
tendre la main sans délier le sac en peau de bouc dans
lequel il met sa monnaie. Les thalebs et les marabouts,
de leur côté, savent fort bien s'y prendre pour sti-
muler la générosité de leurs ouailles. Ils emploient
différentes ruses et usent de tours que les voyageurs
ont fait connaître en Europe. La plus connue de ces
attractions c'était, il y a encore peu d'années, le lion
apprivoisé servant de caniche à sébile au prêtre men-
diant. L'Européen venant en Afrique la tête pleine
des terribles exploits du redoutable Sidi Izem, c'est
ainsi que les Arabes appellent le seigneur lion, et
dont l'imagination, excitée, se représente le roi des
animaux dans la position que lui assigne l'Écriture,
cherchant de droite à gauche et de gauche à droite où
il trouvera une proie à dévorer, le voyageur, disons-
nous, qui ne peut se défendre d'un sentiment de terreur, d'un tremblement instinctif en songeant qu'il
pourrait se trouver tout à coup en présence de ce vo-
race et impitoyable ennemi, sans avoir en mains la
bonne carabine de Gérard ou de Pertuiset, est fort surpris de rencontrer maître lion filant doux derrière un
thaleb en guenilles, ou parfois même juché à califour-

chon sur un âne, dont, selon la tradition, il ne devrait faire qu'une bouchée.

Il existe des chasseurs spéciaux qui ont l'habileté de dérober les lionceaux tout petits, alors qu'ils sont encore à l'allaitement. Une fois les petits réduits en captivité, on les transporte dans l'enceinte qui entoure un marabout, tombeau d'un saint ayant la forme d'une petite mosquée et généralement entouré d'un jardinet; on charge une chienne de les nourrir, et au fur et à mesure qu'ils grandissent, on les dresse et on les apprivoise d'après une méthode spéciale, où la bonne nourriture et les coups de cravache entrent à dose égale. Pour le commun des croyants, ces lions domestiqués sont des animaux dont Mahomet a adouci l'humeur et qu'il a envoyés sur terre pour témoigner sa bienveillance toute spéciale aux habitants de telle ou telle tribu. La présence d'un tel animal est considérée par les Kabyles comme le présage certain de bonnes récoltes et de victoire en cas de guerre. Aussi le thaleb fait de bonnes recettes, et maître Sidi Izem est soigné et choyé de telle façon, qu'il mériterait de troquer son poil fauve contre une peau d'âne, y compris les longues oreilles, s'il regrettait sa solitude du Sahara ou de l'Atlas, où il est souvent réduit à la portion congrue.

Depuis quelques années, les lions domestiques et mendiants sont devenus plus rares ; on ne les rencontre plus aussi fréquemment qu'autrefois, cheminant, la grosse tête dodelinante et prêts à « faire les beaux » et à donner la patte, si on leur montrait un

beau morceau de chair fraîche. Est-ce la superstition
qui a diminué ? Les Kabyles ne croient-ils plus à la
mission céleste des petits Sidi Izems, nourris dans les
enceintes des marabouts ? Nullement ; mais les éle-
veurs de « lions pour familles » trouvent plus avanta-
geux de vendre leurs bêtes aux innombrables domp-
teurs et dompteuses devenus si fort à la mode depuis
quelques années dans les cirques, les théâtres et même
les simples foires d'Europe.

Oui, c'est un étrange pays que la Kabylie et ce sont
d'étranges gens ! Tandis que, dans les montagnes, en
dépit de l'aspect propre et engageant des villages,
règne la malpropreté la plus répugnante, et qu'un
Européen ne saurait tenir longtemps au milieu de
l'atmosphère nauséabonde et étouffante des *gourbis*,
malgré toutes les démonstrations hospitalières, la
plaine réserve à ce même voyageur d'agréables et
pour ainsi dire d'innombrables surprises. Après le pro-
létariat agricole et berbère de la montagne, on se
trouve subitement en pleine aristocratie et en pleine
civilisation parisienne. C'est ce que nous affirme du
moins un voyageur écrivain, M. Vilbort[1], qui, en
compagnie de la spirituelle et intrépide Mᵐᵉ Marie Vilbort et suivi d'un ami, a entrepris de visiter à fond
cette mystérieuse Kabylie. Les touristes avaient été
recommandés particulièrement à un grand chef kabyle, de ceux dont la France avait reconnu l'autorité
et dont elle se sert encore pour asseoir sa domination

1. *Une Parisienne au Djurjura*, Charpentier, 1875.

sur les indigènes. Ce digne caïd s'appelait *monsieur* Ben-Ali-Cherif, et bien que ce qualificatif français jurât avec son nom foncièrement arabe, il y tenait grandement, pour bien montrer à tous son attachement et son goût pour la métropole.

Son habitation, on l'appelait dans le pays la Maison d'or, était de fort belle apparence ; l'intérieur était disposé à l'européenne, et le salon dans lequel les hôtes sont introduits a été meublé par un des premiers tapissiers parisiens. A voir les canapés et les fauteuils en étoffe rouge, les lourds rideaux, les lustres de cristal, on se dirait dans un luxueux appartement du boulevard ; mais à travers les fenêtres on aperçoit le soleil couchant qui incendie les hauteurs du Djurjura et sauve ainsi la couleur locale. L'hôte n'a rien d'un *Khroumir*, si ce n'est le costume théâtral dans lequel il est drapé ; le teint est blanc, ses manières sont tout à fait celles d'un homme du monde ; il s'exprime en français de choix sans le moindre accent, et sa conversation serait tout à fait à sa place dans un salon de la capitale. On conduit les touristes dans des chambres « d'amis », où rien de ce qui est exigé par le code du confort n'a été oublié, et au dîner les vins de France, les crus du Bordelais, convenablement tièdes, et le champagne frappé à la glace, arrosent les plats les plus raffinés de la cuisine turque. M. Ben-Ali-Cherif a engagé un jardinier qui vient de Versailles, et qui a suivi, pour l'agencement des allées et des parterres, les leçons de l'illustre Le Nôtre. Le jardinier, qui s'appelle François, est occupé à saler un jambon : l'un des voyageurs lui marque son étonnement, car il n'a pas vu un seul porc dans toute la Kabylie. Le Français daigne expliquer à son compatriote que ce porc est un sanglier et que, selon l'interprétation kabyle, s'il est défendu de par Mahomet de manger la chair du cochon domestique, il n'en est pas de même de celle du sanglier. Le prophète aurait interdit, il est vrai, une partie de cet animal ; mais comme il a négligé de dire laquelle, il suffit de jeter en guise d'assurance opime un débris quelconque de la bête. Moyennant ce tribut volontaire, il est permis d'enfreindre la loi et d'absorber les marcassins soit sous forme de rôti de venaison, soit sous les espèces de viandes salées. Ce n'est pas la seule et unique clause du Coran que les Kabyles interprètent de cette façon commode.

M. Ben-Ali-Cherif, le propriétaire de la Maison d'or, était un gentilhomme aussi fier de sa race qu'un Lévis ou un Montmorency. Pour bien faire miroiter sa noblesse, sans être accusé trop directement d'ostentation héraldique, il prit, ma foi, un tour très spirituel. Comme il avait fait amener de magnifiques pur sang arabes pour la promenade et que ses hôtes, comme de raison, s'extasiaient sur cette race : « Elle est depuis trois siècles dans notre famille, » fit M. Ben-Ali-Cherif en caressant la nuque d'un des alezans. Ajoutons que M. Vilbort, tout en payant à ce caïd sa dette personnelle pour l'hospitalité reçue en qualité de touriste recommandé par le gouverneur général, ajoute que le propriétaire fas-

tueux de la Maison d'or était tout aussi accueillant
aux pauvres et aux misérables, dont il nourrissait
de véritables essaims. Le plus brillant spécimen de
ces aristocrates kabyles à la manière de M. Ben-Ali-
Cherif fut incontestablement le fameux bach-aga
(grand général) Mokrani. Il était regardé par le gouvernement impérial français comme un vice-roi de
la Kabylie et traité comme tel. On l'accablait de dis-
tinctions et de récompenses. Sur son burnous blanc
du lin le plus fin s'étalait le large ruban rouge de la
Légion d'honneur; les généraux français le traitaient
d'Excellence; l'empereur Napoléon III l'invitait aux
fêtes de Compiègne, et lorsqu'il y paraissait, il y pro-
duisait une sensation très flatteuse pour lui; les journaux illustrés reproduisaient ses traits, d'une mâle
correction, encadrés d'une épaisse barbe noire; et
dans des articles spéciaux on célébrait son intelligence, son courage indompté et sa puissance parmi
les tribus.

Un jour, la fantaisie lui prit d'affirmer qu'il descendait par les femmes des Montmorency; aussitôt
cette généalogie fut confirmée et constatée, au point
de ne laisser surgir aucun doute.

Au milieu des siens, Mokrani menait l'existence
fastueuse d'un pacha d'Orient et d'un *sportman* dont
l'orgueil était de posséder l'écurie la plus complète
et la mieux garnie. Ses *diffahs*[1] étaient célèbres et

---

1. On appelle ainsi les réceptions organisées en l'honneur des fonctionnaires civils et militaires et des voyageurs de distinction. La *diffah*

La diffah.

fort recherchées, à tel point que les tributs levés
sur les indigènes ne suffisaient plus et que le fas-
tueux amphitryon se trouva fortement endetté, tout
comme un viveur d'Europe. Il comptait sans doute
sur l'imprévu pour rétablir ses affaires, quand cet imprévu se présenta sous l'aspect terrible de la guerre
de 1870. L'Algérie fournit, comme on sait, un contingent de braves troupes indigènes, qui firent vaillam-
ment leur devoir à Spicheren, à Wœrth et, plus tard,
à l'armée de la Loire. Peut-être eût-il été de bonne
politique de continuer à flatter les grands chefs
comme Mokrani, en leur donnant des commandements à côté des généraux français. Mais le Montmorency africain fut laissé de côté et abandonné aux
inspirations de son ambition, ainsi qu'aux suggestions venant du dehors. Les défaites subies par la
France en Europe devaient affaiblir son prestige aux
yeux du monde musulman et raviver les vieilles hai-
nes mal éteintes. Était-il nécessaire que cet ennemi
redoutable que la France combattait alors sur son
propre sol, vînt jeter de l'huile sur le feu et pousser
les chefs africains à la révolte? Certes, il devait entrer dans les plans de la Prusse de créer une diversion
en Algérie et d'y immobiliser les trois ou quatre divi-

---

classique a lieu sous la tente, et les mets de résistance sont le mou-
ton entier, embroché dans un tronc d'arbre, et le « kouskoussou ».
Mais les grands seigneurs arabes, les caïds et les agas, qui habitent,
non pas la tente, mais de belles maisons, voire des palais, ont trans-
formé ces *diffahs* en véritables festins d'apparat, qui se renouvellent
pendant plusieurs jours et reviennent fort cher.

sions nécessaires pour étouffer une révolte. L'histoire éclaircira un jour ce point, et les mémoires qui révèleront les dessous de cette guerre de 1870-71 nous apprendront s'il est vrai qu'un explorateur allemand, célèbre par ses excursions toutes scientifiques, se soit fait agitateur et ait décidé les chefs kabyles à s'insurger.

Néanmoins il est difficile, pour ne pas dire impossible d'admettre que les Allemands, décidés à fomenter une insurrection en Algérie, aient attendu pour cela tout juste la fin de la guerre, alors que la France avait des troupes disponibles qu'elle aurait pu très difficilement employer en Afrique pendant la durée des hostilités sur la Loire et dans le Jura.

Le fait est que Mokrani se décida à déclarer formellement la guerre au gouvernement français, alors que les préliminaires étaient ratifiés et que les prisonniers de Metz et de Sedan rentraient dans leur patrie. Le bach-aga renvoya à Alger son grand cordon de la Légion d'honneur, un sabre qui lui avait été donné par l'empereur, le tout accompagné d'une lettre portant que, vu la chute de l'empereur Napoléon, il se considérait comme délié de ses serments de fidélité et qu'il reprenait pleinement et entièrement la liberté.

De terribles événements ne tardèrent pas à fournir le commentaire de cette déclaration. Obéissant à un signal, toute la Kabylie fut soulevée. Dans tous les douars, on courut aux armes ; des chants de colère et de vengeance retentirent partout. Se souvenant

des horribles ravages commis en 1847 par les troupes
du maréchal Bugeaud et en 1851 par le maréchal de
Saint-Arnaud, les montagnards se ruèrent dans la
plaine, traînant avec eux le meurtre et le pillage.
Quelques « centres » de colons, notamment les villages très florissants de Palestro et de l'Alma, furent
saccagés, les maisons brûlées et la plupart des in-
fortunés colons périrent au milieu d'affreux tourments. Dans le seul village de Palestro l'on découvrit
quarante-sept cadavres mutilés et calcinés : les malheureux avaient été brûlés à petit feu. Ivres de car-
nage, les Kabyles si doux, si paisibles, si hospitaliers
naguère, portèrent la dévastation jusqu'aux portes
d'Alger ; mais là ils furent repoussés par un détachement de mobilisés à peine débarqués d'Europe et par
les habitants valides de la capitale coloniale, qui
s'étaient armés à la hâte.

Mais si Alger était à l'abri d'un coup de main dont
la réussite eût été un véritable désastre, non seulement
pour la France, mais pour la civilisation, puisque
Alger serait retombée entre les mains des descendants des corsaires imbus des principes de brigandage de leurs aînés ; si la capitale était préservée,
les garnisons françaises éparpillées dans le pays kabyle étaient bloquées par ces masses de rebelles,
menacées de périr de faim ou de souscrire des capi-
tulations bien humiliantes. La principale de ces garnisons était celle de fort National (autrefois fort
Napoléon). Cet ouvrage avait été construit très rapidement en 1857, lorsque, après une campagne menée

vigoureusement à la tête de trente-cinq mille hommes,
le maréchal Randon soumit définitivement la Kabylie.
Cette forteresse, fortement campée sur un haut plateau dominant la plaine avec ses tribus et ses innombrables villages, était comme l'emblème positif et
permanent de la suprématie de la France, dont le drapeau se déploie sur les murailles crénelées de ce
grand *bordj,* que les indigènes prirent d'abord pour
un palais destiné au maréchal Randon. La petite garnison de Fort National avait été contrainte d'aban-
donner les ouvrages avancés et les bâtiments acces-
soires; les Kabyles la serraient de près, et pendant
deux mois, d'avril à juin, il y eut tous les jours ou
plus tôt toutes les nuits des alertes, des escarmouches,
des fusillades qui coûtaient beaucoup plus de monde
aux Arabes qu'aux assiégés. Néanmoins la position
de ces derniers devenait critique; il était hors de
doute qu'en cas de reddition les Kabyles les passe-
raient au fil de leurs yatagans.

Mais il était dit que la France avait épuisé la coupe
des humiliations guerrières : le général Lallemand,
qui était parti d'Alger à la tête d'une forte colonne
pour délivrer les défenseurs de Fort National, livra un
combat acharné à Mokrani. Les bandes du Montmorency africain résistèrent mal au choc. Mokrani, qui
sait qu'il y va de sa tête, cherche à les rallier, il les
anime de la parole et du geste, quand une balle de
chassepot l'atteint à la nuque et l'étend raide mort.
L'insurrection, privée d'un tel chef, cessait d'être redoutable; l'effet moral produit par la mort de l'ancien

Passage d'un gué en Kabylie.

commensal de la cour de Tuileries, fut décisif sur les Kabyles : la démoralisation s'empara d'eux et leur fatalisme musulman leur montra, dans le trépas de leur chef, la manifestation de la volonté d'Allah qui se prononçait contre eux. Fort National fut rapidement délivré, et peu à peu toutes les tribus vinrent humblement demander l'aman et firent leur soumission. Elles payèrent cher cette révolte. Leurs franchises furent supprimées, on mit le séquestre sur leurs terres, qui furent distribuées aux colons ; réduites à la misère et à la famine, des tribus entières durent se réfugier dans le désert. Quant aux auteurs des massacres de Palestro et de l'Alma, ils furent activement recherchés et expièrent leurs forfaits sur l'échafaud ou dans les bagnes de la Nouvelle-Calédonie. Le souvenir de ce soulèvement de 1871 qui, éclatant deux mois plus tôt, aurait pu avoir de si graves conséquences et ravir à la France une colonie en même temps que l'Alsace-Lorraine, est resté profondément gravé dans le cœur des colons. C'est à ces réminiscences qu'il faut attribuer l'éloignement et presque la haine qu'ils ressentent pour les Kabyles, et l'ardeur avec laquelle les plus libéraux réclament des mesures arbitraires et exceptionnelles. On a oublié toutes les bonnes qualités de ces montagnards, leur humeur laborieuse, leur persévérance, leur hospitalité : on ne les voit qu'à travers les flammes des villages de Palestro et de l'Alma qui, après treize ans, s'élèvent encore vers le ciel en semblant appeler la vengeance.

VIII

INDÉCISION DU GOUVERNEMENT DE LOUIS-PHILIPPE
AU DÉBUT DE LA CONQUÊTE. — CLAUSEL REM-
PLACE BOURMONT. — LE DUC DE ROVIGO EN
AFRIQUE. — SA DÉPLORABLE ADMINISTRATION.
— ZOUAVES ET BUREAUX ARABES.

Il semble qu'au début le gouvernement de Louis-
Philippe ne sût pas au juste s'il devait conserver ou ré-
pudier le legs que la suprême action de la dynastie
aînée lui livrait *in extremis*. Il est vrai que le nouveau règne rencontrait tant de difficultés, tant de pro-
blèmes à résoudre, tant d'hostilités à combattre,
qu'il est aisé de comprendre que les préoccupations
du roi et de ses conseillers devaient se porter partout
ailleurs que sur l'Afrique. L'armée campée sur ses
rivages était oubliée et livrée à elle-même. On n'eut
le temps ni de lui envoyer un mot de remerciement

ni de lui donner une marque de sollicitude. La réussite
d'une entreprise qui avait avorté cinq ou six fois en
plusieurs siècles passa inaperçue. Cette indifférence
eut cependant son avantage : ne s'occupant pas de
l'armée d'Afrique, on n'eut pas du moins la funeste
idée, qui aurait pu surgir dans ces temps troublés,
de la rappeler et de rendre, Dieu sait pour quelle période, la ville d'Alger aux brigands dont elle avait été
le repaire.

En tout cas, Bourmont, l'homme-lige de la réaction,
le traître qui, la veille de Waterloo, avait passé à l'ennemi, était devenu impossible. Pour le remplacer à la
tête des troupes, le nouveau roi, fidèle à son système
de renouer la tradition impériale en honorant les
lieutenants du formidable capitaine, fit choix d'un
vétéran d'Austerlitz et d'Iéna, du maréchal Clauzel.
Celui-ci avait tout pouvoir pour agir à sa guise, mais
on ne lui fournit pas les moyens nécessaires pour
continuer la conquête. Par dépit et colère, il donna
sa démission, non sans avoir occupé Bône et Oran.
Son remplaçant ne pouvait être plus détestablement
choisi : c'était aussi un général de l'époque napoléo-
nienne, mais un général d'antichambre, un chef de
gendarmes, un policier à panache, dont le nom est
encore avec raison exécré aujourd'hui : Savary, duc
de Rovigo. Ce séide impitoyable et brutal était tombé
du faîte de la puissance, — après Napoléon nul en
France n'était aussi omnipotent que le ministre de
la police, — dans la plus profonde misère. Sous le
coup de poursuites et d'une condamnation en France;

retenu prisonnier par les Anglais alors qu'il cher-
chait à s'embarquer avec son maître pour Sainte-
Hélène, enfermé dans l'île de Malte, puis interné à
Trieste, il y vécut d'un très maigre subside du gouvernement autrichien. Vers 1819, il put rentrer en
France; il obtint la revision de son procès, fut ac-
quitté et chercha à se faire bienvenir des nouveaux
maîtres. Mais ceux-ci le tinrent à l'écart : il vécut
obscur et oublié, écrivant des mémoires rien moins
que littéraires dans la forme, mais intéressants et
précieux pour l'histoire de l'époque. A l'avènement
de Louis-Philippe, le duc de Rovigo se prévalut, lui
aussi, de sa participation à l'épopée impériale ; il fit
sonner bien haut les persécutions dont lui, le persé-
cuteur par excellence, avait été la victime. Le nouveau roi, comme nous l'avons dit, recueillait avec
empressement tout l'état-major impérial ; mais il était
à coup sûr inutile de restaurer également les épaves
de la police impériale. Après quinze années de repos
et d'oubli, le duc de Rovigo se voit soudain investi
du titre et des fonctions de gouverneur général d'Alger et de commandant d'une armée en campagne, lui
qui n'avait jamais fait manœuvrer que des escouades
de gendarmes et des brigades d'agents.

A peine installé dans la Casbah, le nouveau gouverneur prit à tâche de prouver aux indigènes qu'un
administrateur élevé à l'école de Napoléon pouvait
dépasser en tyrannie, en incapacité, en cruauté, le
pacha le plus sanguinaire. On eût dit que l'ancien
grand maître de la police voulait se venger de n'avoir

pu donner carrière pendant quinze ans à ses mauvais
instincts. D'une part les indigènes, d'autre part les
colons, qui commençaient à affluer, servirent d'expé-
riences *in anima vili*. Bourmont et Clauzel s'étaient
efforcés de gagner la confiance et l'affection des
Arabes et des Maures. C'était, en somme, la meilleure politique, puisqu'il fallait se maintenir avec un
effectif restreint au milieu d'une population nombreuse
et dominée par des instincts belliqueux. Rovigo en
décida autrement : il fallait sabrer les Arabes, acca-
bler les Maures d'impôts, et quant aux Français accourus en Algérie pour coloniser le pays, ils furent
regardés par le gouverneur comme autant d'intrus
dont il fallait se débarrasser à coups d'avanies et de
vexations. Les résultats de ce système ne se firent pas
attendre : les Arabes qui, après le départ des Turcs,
leurs maîtres et oppresseurs, étaient tout disposés
à considérer les Français comme des libérateurs,
crurent qu'ils n'avaient fait que changer de bourreaux,
et lorsque, foulant aux pieds toute pudeur et toute
bonne foi, Rovigo fit fusiller deux caïds qui étaient
venus à Alger, se fiant à sa parole et munis de sauf-
conduits en règle, la guerre sainte fut déclarée, et
selon l'expression du pays la poudre se mit à parler.
L'espoir d'une conquête pacifique était évanoui, et le
gouverneur n'était pas l'homme qu'il fallait pour mener à bon terme une conquête militaire.

En France, la crise avait perdu de son intensité,
les esprits s'étaient rassérénés, et la machine gou-
vernementale reprenait son jeu régulier. Déjà les

affaires d'Algérie attiraient les préoccupations du pouvoir et l'attention de la presse. Des clameurs s'élevèrent contre la fâcheuse et peu intelligente administration de Rovigo ; outre ses cruautés, on eut à lui
reprocher des dilapidations de fonds et des irrégula-
rités de toute sorte. Une commission fut envoyée sur
les lieux pour examiner les faits ; mais l'ex-grand
maître de la police impériale échappa au châtiment :
il mourut avant la publication du rapport.

Son successeur, le général Drouet d'Erlon, animé
de bonnes intentions, n'obtint pas de résultats appréciables ; des expéditions furent organisées dans la
banlieue d'Alger pour « donner de l'air » à la capitale
de la colonie et la mettre à l'abri des hordes hostiles ou simplement pillardes. C'est ainsi que la Mitidja fut peu à peu conquise et que des colonnes ex-
péditionnaires franchirent le col de la Mouzaïa et
s'emparèrent de Médéa. En même temps, la domination française se consolidait à Oran ; on affirmait
ainsi le ferme dessein de ne pas borner la conquête
à la simple possession d'une ville.

En 1835, le maréchal Clauzel revint en Afrique
muni de tous les pouvoirs qu'il désirait et se sentant
soutenu par le ministère. Aussitôt arrivé en Afrique
il se mit en devoir de créer une administration qui
jusqu'à présent avait été complètement négligée. Les
indigènes fidèles, qui commençaient à se rallier en
grand nombre, furent enrégimentés sous le commandement d'officiers français et formèrent ainsi les bataillons de zouaves, ainsi nommé d'après la tribu des

zaouä zoua, qui fournit les premiers contingents. C'est plus tard seulement que ces bataillons furent composés de Français de la métropole et remplacés par les tirailleurs indigènes ou turcos. C'est de cette époque également que datent les fameux bureaux arabes.

Sur les confins du désert, sur les versants de l'Atlas, dans les hauts plateaux de la province d'Oran, au milieu de villages, de tentes et de gourbis, s'élève une maison dont la construction est un ingénieux mélange du style maure et du style européen.

Une terrasse la surplombe en guise de toit, les murs sont blanchis à la chaux et entretenus dans un état de propreté qui ravit les yeux, surtout après l'aspect peu ragoûtant des intérieurs indigènes. Une cour plantée de sycomores ou de palmiers qui entourent un jet d'eau précède l'habitation ; à gauche une écurie, à droite une sorte de corps de garde devant lequel se promène un spahi le sabre au poing. Dans la première pièce du rez-de-chaussée meublée administrativement et avec la solennité voulue, un sous-officier cherche à faire prendre patience ou entendre raison à des solliciteurs indigènes, hâves, décharnés, vêtus de haillons et criant l'un plus fort que l'autre. Dans la pièce voisine, assis sur une chaise, devant une table recouverte d'un tapis, se tient le maître de céans, le véritable maître aussi à vingt, ou trente lieues, ou cent lieues à la ronde, l'officier du bureau arabe. C'est un capitaine ou un commandant ; il connaît la langue

Chasseurs d'Afrique et Bédouins.

des indigènes; il s'est mis au courant de leurs habitudes, de leurs mœurs, de leurs usages et de leurs faiblesses. Une demi-douzaine de cheiks ou de caïds, chefs de tribus et chefs de douars, sont accroupis par terre ou sur les divans. L'officier leur parle dans leur langue, il dirige toute la discussion, il tranche sans réplique toutes les questions litigieuses ; représentant de l'autorité française dans les territoires trop éloignés des centres pour être régis selon la formule, l'officier du bureau arabe, soutenu par le prestige du fait accompli qui courbe absolument l'Oriental devant son vainqueur, le chef du bureau arabe était souverain absolu dans son *pachalik*. Il pouvait à son gré opprimer les indigènes ou s'entendre avec eux; il possédait droit de vie et de mort, et son *chaouch,* huissier, faisant à l'occasion office de bourreau, ne gardait pas toujours le cimeterre au fourreau. Même pouvoir pour la rentrée des impôts, fixés par l'officier du bureau arabe, qui les faisait rentrer. De sa probité seule dépendait l'emploi de ressources parfois considérables que les indigènes apportaient dans la petite maison aux blanches murailles. Ces officiers disposant d'un tel pouvoir pouvaient faire un bien immense ; plusieurs se laissèrent entraîner à des abus de pouvoirs systématiques, ou bien considérèrent les Arabes comme des tributaires auxquels il fallait tondre la laine sur le dos. On connaît le nom de ce chef de bureau arabe qui fut pris en flagrant délit d'association avec des brigands qui détroussaient les voyageurs. Enfin les officiers, dictateurs au petit pied,

professaient un mépris mal déguisé, — doublé du dédain du soldat pour le *pékin,* — pour les colons : ils
les traitaient trop souvent en aventuriers et prenaient
volontiers le parti des Arabes contre leurs compatriotes.

Aussi l'institution des bureaux arabes devint pour
les colons un objet de réprobation générale ; en France,
le parti libéral s'indignait de cette puissance du sabre,
et au fur et à mesure que la colonie prenait plus d'importance au point de vue européen civil, les voix pour
la suppression de cette institution devenaient plus
nombreuses et plus impérieuses.

ABD-EL-KADER

Tandis que l'effort principal des conquérants s'attachait à prendre de vive force Constantine, le dernier rempart de la domination turque en Algérie ;
tandis que le maréchal Clauzel qui, sur la foi de gas-
connades d'un brillant et brave aventurier, Jussuf,
rallié à la cause française, croyait n'avoir qu'à se pré-
senter devant les portes de cette ville pour être accueilli en libérateur, était obligé de battre en retraite;
tandis que, sous les ordres de son remplaçant, le
comte Damrémont, une nouvelle expédition s'organisait, qui devait aboutir, mais en payant la victoire
de la vie de son chef ; tandis que le général Vallée,
prenant le commandement à la place de Damrémont,
tué par un boulet, pénétrait dans Constantine pour
s'y établir solidement, un ennemi puissant, qui devait coûter à la France des trésors et des flots de

sang, avant d'être vaincu et-pris, se levait dans la province d'Oran.

En première ligne la guerre d'Algérie avait été dirigée contre les Turcs, les maîtres et les oppresseurs du pays, où ils n'étaient eux-mêmes que des étrangers, dont l'établissement, il est vrai, s'était perpétué pendant quatre siècles. Le dey d'Alger, qui s'était permis d'insulter et de frapper le consul de France, était Turc; les troupes que Bourmont avait battues à Staouéli étaient turques; de même la garnison de Bougie et celle de Bône, qui capitula, dit-on, moyennant la promesse d'une rente mensuelle de trente francs par homme, qui est payée scrupuleusement aujourd'hui encore à quelques survivants. Les derniers Turcs avaient été vaincus à Constantine; mais la lutte n'était pas finie, puisqu'un autre élément plus redoutable et plus nombreux allait entrer en scène, l'élément arabe, la population autochtone et en grande partie nomade, dont les instincts belliqueux, l'ardeur et la persévérance dans la lutte étaient justement renommés.

Pour mettre en branle la fureur guerrière des Arabes, pour les pousser dans la voie de la résistance, il fallait un prédicateur, un voyant, un éloquent inspiré, qui fît entendre à ces guerriers la parole sainte et qui leur montrât Mahomet les guidant, son cimeterre à la main, contre les infidèles. Ce prédicant, ce Pierre l'Ermite en burnous, qui était à la fois, non seulement un orateur, mais un général et un habile diplomate, surgit à point nommé. Il était né dans une petite localité près de Mascara, dans la

province d'Oran. Le voyageur peut apercevoir encore
aujourd'hui la mosquée, une petite et modeste chapelle, où Abd-el-Kader reçut les premières notions
de la science et fut initié aux mystères du Coran. Son
père avait acquis une certaine réputation et une certaine influence dues à sa piété et à sa science des
saints livres ; son fils, se produisant sous de tels aus-
pices, fut écouté avec ferveur et admiration, lorsqu'il
commença ses prédications. Il acquit rapidement non
seulement des auditeurs, mais en même temps des
partisans : car il ne cachait nullement son intention de
passer de la parole à l'action. Suivi d'un cortège d'ad-
mirateurs fanatiques qui grossissait à chaque étape,
le jeune Abd-el-Kader s'avançait de douar en douar.
Tous les hommes de la tribu accouraient se grouper
autour du palmier ou du figuier au pied duquel l'ardent prêcheur se tenait debout, drapé d'une façon
théâtrale dans son burnous, l'air inspiré, scrutant
des yeux le ciel comme s'il allait s'entr'ouvrir pour
lui montrer quelque vision surnaturelle. Ses excita-
tions tendaient toutes au même but : empêcher les
infidèles d'étendre leur pouvoir sur l'Algérie, et peut-
être les chasser des points dont ils s'étaient déjà em-
parés. Bientôt le nombre de ses partisans augmenta,
à tel point, qu'il put accepter à bon droit, et non seulement comme un vain titre, la dignité d'émir (prince
souverain) et établir à Mascara le centre d'un État
qui ne tarderait pas à devenir un camp.

Lorsque le général Desmichels, qui commandait à
Oran, se rendit compte des progrès que faisait le

jeune émir, naguère encore inconnu, il crut très habile de gagner à la France cette force naissante. Il traita donc de puissance à puissance avec Abd-el-Kader, lui reconnaissant la souveraineté absolue et le droit d'occupation exclusif d'une grande partie du territoire de la province d'Oran et d'une notable fraction de la province de Constantine. Certes, ce procédé eût été habile si Abd-el-Kader avait voulu se contenter du rôle de vassal de la France, ou si du moins il n'avait pas nourri au plus profond de son cœur les sentiments de haine les plus intenses et les plus vivaces contre les envahisseurs. Loin de savoir gré à la France de l'empressement qu'elle avait montré à traiter avec lui, qui n'était en définitive qu'un aventurier, il ne vit dans le traité Desmichels que la reconnaissance de sa qualité d'émir par une grande nation et un titre qui lui permettait de préparer la guerre d'extermination qu'il méditait. Son prestige devint tel aux yeux de ses compatriotes, à partir du jour où l'émir avait été reconnu par la France, qu'il put lever des contributions de guerre, organiser une armée régulière et nombreuse. Des tribus lui avaient résisté, il se mit en campagne et les réduisit. Les Français laissèrent tranquillement ces exécutions militaires s'accomplir sous leurs yeux ; ils avaient été entièrement circonvenus, il faut l'avouer, par la cauteleuse diplomatie de l'habile Oriental, et il y eut de la surprise au gouvernement général d'Alger lorsque Abd-el-Kader, ayant créé une armée complètement équipée et munie de bons fusils, jeta le gant et écrivit au commandant

Abd-el-Kader.

d'Oran une lettre lui déclarant que le peuple entier
voulait la guerre, qu'en dépit de ses efforts pour l'empêcher il était obligé de la diriger.

Les premières opérations d'Abd-el-Kader furent
heureuses. Il avait sur les troupes françaises l'avantage de la connaissance du terrain, et il combattait
comme il faut se battre en Afrique, tandis que nos
troupes obéissaient toujours aux théories générales
qui réglaient alors les guerres d'Europe. Pendant trois
ans il y eut des combats incessants, avec des fortu-
nes diverses ; mais en fait l'émir ne perdait pas de
terrain et de nouvelles tribus accouraient autour de
ses fanions. Sa renommée avait traversé la Méditerranée ; les vents d'Afrique, les nouvelles des journaux, les rapports officiels, étaient pleins de lui ;
l'imagination s'en mêlant, l'émir prit aux yeux de
toute la France, et notamment aux yeux des Parisiens, des proportions légendaires ; on le traitait en
ennemi considérable, en adversaire de grande marque.
Son portrait était partout et, comme de raison, chacun était frappé de l'expression pleine de douceur
et cependant de fermeté du visage, de ce teint mat
contrastant avec l'ébène de la barbe, et on étudiait
attentivement ces yeux qui pouvaient tout aussi bien
exprimer la langueur que lancer des éclairs de combat.
La poésie aussi s'en mêla, il devint le type de l'Arabe,
et on avait de la peine à se figurer que des centaines
d'enfants de France étaient déjà tombés sous les
coups de ce guerrier idéal, et que son armée se com-
posait en bonne partie de féroces coupeurs de têtes.

En 1837, le général Bugeaud, qui avait déjà fait une campagne en Afrique, fut nommé gouverneur général, et aussitôt commença, entre le général français et l'émir africain, une lutte des plus intéressantes que l'histoire militaire ait eu à enregistrer. Le général Bugeaud, âgé alors de cinquante-deux ans, avait joué un rôle politique à Paris et à la citadelle de Blaye. Sa conduite en différentes circonstances le signalait comme un partisan très ardent de la monar- de Juillet et comme personnellement très dévoué au roi. Son envoi en Afrique était regardé comme une marque de confiance et comme une récompense. Depuis longtemps Bugeaud demandait qu'on lui permît d'appliquer ses théories particulières sur la guerre en Afrique et sur l'organisation de la conquête. Se mettre au niveau de l'ennemi, renoncer à la tactique euro- péenne pour adopter la tactique arabe avec ses mar- ches rapides, ses *razzias* et aussi ses procédés bar- bares de massacre et de pillage, mais en même temps coordonner tous ces faits de guerre isolés en vertu d'un plan général visant au même but, relier les es- carmouches, les enlèvements de troupeaux, les expé- ditions partielles, de façon à englober peu à peu l'ennemi dans une action fortement préparée et vi- goureusement exécutée, tel était le plan de Bugeaud, qui fut mis en pratique. Ce fut la gloire du vaincu, d'Abd-el-Kader, de retarder de tant d'années le ré- sultat final et de susciter suffisamment de difficultés pour entraver et retarder ce résultat, qui ne pouvait guère être empêché. Le premier épisode de cette lutte

fut le désastre subi par un fort détachement français
à la Mactah. La cavalerie d'Abd-el-Kader avait réussi
à prévenir le détachement sur la route allant à Arzeu
et à lui barrer le chemin, tandis que sur les flancs des
nôtres surgissaient de tous côtés des fantassins qui,
sachant mettre à profit la confusion que l'apparition
subite de tant d'ennemis produisit dans le rang, dé-
cimèrent la colonne et procurèrent à l'émir une victoire qui lui permit d'asseoir encore plus solidement
sa puissance. En revanche, le général Bugeaud tailla
en pièces (1837) la cavalerie de l'émir au combat de la
Zikah, où il se jeta au milieu de la mêlée et empêcha
ainsi le massacre des vaincus. Mais le principal coup
fut porté à Abd-el-Kader, d'abord par l'occupation
de sa capitale, Mascara, par la prise de la *smala* du
prince arabe. Mascara fut alors totalement ruinée.
Les partisans d'Abd-el-Kader, ne pouvant s'y maintenir, commencèrent l'œuvre de dévastation ; elle fut
complétée à l'entrée des Français, qui n'avaient pas
l'intention de s'y fixer, mais qui voulaient humilier
l'émir dans sa capitale et frapper ainsi l'esprit des
populations hostiles.

Heureusement aujourd'hui Mascara est sortie de
ses ruines ; c'est une petite ville d'aspect très riant,
avec des maisons blanches entourées de beaux jardins, peuplée de colons actifs et paisibles, qui commencent à tourner au bourgeois, de quelques musulmans et d'une quantité de nègres et de négresses,
qui constituent l'élément gai, babillard et remuant.
Le voisinage des plateaux de Saïda, où la culture

de l'alfa devient chaque année de plus en plus productive, contribue encore à la prospérité de Mascara.

La *smala* d'Abd-el-Kader était la réunion de la garde personnelle de l'émir, de ses nombreux domestiques, de ses femmes avec leurs esclaves, des innombrables troupeaux de bœufs, de moutons, de chèvres et de toutes les richesses du chef et de sa suite. Tout le monde logeait sous des tentes dont plusieurs, comme il convenait à leurs hôtes, étaient vastes et très magnifiquement ornées. C'était une véritable ville en toile qui surgissait partout où l'émir établissait son quartier général, au gré de sa capricieuse stratégie, qui consistait à harceler sans trêve ni repos les généraux français, et à dérouter leurs combinaisons en se montrant toujours où il n'était jamais attendu et rarement là où sa présence était supposée ou connue. Enlever la smala d'Abd-el-Kader, c'était à la fois l'humilier, le ruiner et le frapper personnellement ; un tel coup de main cadrait d'ailleurs fort bien avec le système militaire introduit en Afrique par le maréchal Bugeaud. Ce fut le duc d'Aumale, fils de Louis-Philippe, qui exécuta cette « razzia » célèbre entre toutes. Des émissaires sûrs avaient rapporté, au mois de mai 1843, qu'Abd-el-Kader campait avec sa ville de toile près d'une bourgade appelée Ghazitat, à proximité d'un ruisseau, voisinage indispensable à cause des nombreux troupeaux qu'il traînait avec lui. De là l'émir, dont les affaires allaient assez mal dans la province d'Oran, à cause de la défection de plusieurs tribus, avait l'in-

tention de se jeter dans le Tell pour gagner la province d'Alger ; une fois dans les montagnes, il devenait assez difficile à atteindre. Tandis qu'un réseau
de troupes s'avançait de tous les côtés pour cerner la
smala, le duc d'Aumale, avec une avant-garde de
soixante cavaliers la plupart indigènes et commandés par l'Algérien Jussuf, marchait sans hésiter sur
l'endroit qu'on lui avait désigné. Effectivement, le
10 mai, il aperçut les tentes d'Abd-el-Kader. Tout
était au repos le plus absolu, les Arabes n'avaient pas
eu vent de la surprise, et, malgré l'infériorité numé-
rique des siens, d'Aumale résolut de tenter la chance,
qui lui fut favorable. Le *quiproquo* contribua à la
réussite. Lorsque les femmes et les gens du camp vi-
rent cette nuée de cavaliers habillés de burnous rou-
ges, ils crurent d'abord que c'était une tribu amie qui
venait rejoindre le chef. Loin d'alarmer le camp ou de
résister aux spahis de Jussuf, ils les accueillirent par
des démonstrations de joie. C'est seulement lorsque les
cavaliers commencèrent à sabrer que l'on s'aperçut de
l'erreur, mais déjà il était trop tard. Les cris de terreur
des femmes, les hurlements de milliers d'animaux,
les hennissements des chevaux, qui se répandaient
en liberté, les coups de feu échangés à tort et à travers,
causèrent une confusion inexprimable. L'infanterie
d'Abd-el-Kader réussit bien à se rallier ; mais elle
ne put que favoriser la fuite de l'émir, que le duc
d'Aumale et Jussuf cherchaient partout. Il réussit à
s'échapper grâce à la rapidité de son cheval, et un
grand nombre d'habitants de la smala furent égale-

ment en état de prendre la fuite, parce que le nombre
des assaillants n'était pas assez considérable pour
tout capturer. Mais néanmoins le butin fut riche.
Quand on eut déblayé les décombres et rangé les
morts, il se trouva que les tentes, les tentures, les
tapis, les bijoux, les armes damasquinées et enri-
chies de pierres précieuses, les hordes d'animaux,
valaient plusieurs millions. Mais outre cela on découvrit le trésor monnayé d'Abd-el-Kader, toute sa cor-
respondance avec les chefs des tribus et l'empereur du
Maroc, ainsi qu'une foule de documents très curieux.
Le duc d'Aumale revint au camp avec deux mille prisonniers.

Fugitif, Abd-el-Kader ne voulut pas encore s'avouer
vaincu; au contraire, il chercha à susciter à la France
un ennemi nouveau, Abder-Rhaman, le sultan du
Maroc. Ce fut pour l'émir un grand succès diploma-
tique que d'entraîner ce souverain dans une guerre
avec la France alors qu'Abder avait toujours vécu en
bonne intelligence avec les conquérants de l'Algérie.
La crainte qu'Abd-el-Kader, en cas de refus, ne sou-
levât les fanatiques musulmans du Maroc et ne par-
vînt à le détrôner, et peut-être aussi les intrigues de
l'Angleterre, déterminèrent Abder-Rhaman à mettre
une nombreuse armée en campagne, que son fils con-
centrait sur la frontière algérienne, pour la franchir
au premier signal. Mais, en France, on prit très vigoureusement l'offensive; tandis que le prince de Joinville bombardait Tanger et Mogador, le maréchal en-
trait sur le territoire marocain et détruisait l'armée du

sultan à la bataille de l'Isly, victoire qui lui valut le
titre de duc. La leçon donnée par Bugeaud aux Ma-
rocains était d'autant plus rude que leur souverain
avait demandé avec hauteur le rappel du maréchal,
sous prétexte que celui-ci avait violé le territoire de
l'empire en poursuivant quelques bandes d'Abd-el-
Kader. La victoire de l'Isly, dont les trophées furent
aussi nombreux que s'il se fût agi d'une grande bataille livrée en Europe, mirent un terme à l'ardeur
belliqueuse d'Abder-Rhaman, qui conclut la paix, et
Abd-el-Kader fut de nouveau livré à ses propres ressources. Il ne se découragea point, et, sans se rebuter
le moins du monde, il entreprit une nouvelle campagne qui se prolongea encore pendant près de quatre
années. Mais ce n'était plus qu'une guerre d'escarmouches et de partisans ; il n'y eut plus d'opérations
considérables. Il était certain que l'émir, si redoutable
naguère, ne pouvait plus s'opposer à la conquête ; sa
cause était définitivement perdue, sa défaite personnelle, sa mort ou sa capture n'étaient plus qu'une
question de temps, d'années ou de mois. Chaque année, des tribus se détachaient de l'émir ; beaucoup
gardaient la neutralité ; d'autres se joignaient à l'armée française et formaient ces troupes irrégulières
auxiliaires que l'on désigne sous le nom de *goums,* et
qui auraient suffi à elles seules pour mener la campagne contre leur compatriote. Pour la seconde fois,
Abd-el-Kader s'était réfugié au Maroc, et cette fois il
ne rencontra plus dans le palais du Fez un allié fana-
tisé mettant son armée à sa disposition ; au contraire,

le sultan avait grande envie de livrer à la France cet
hôte importun ; mais les plus fanatiques des Maro-
cains, les musulmans du Riff, firent un rempart à
l'émir. Cependant, s'il ne fut pas livré, il dut sortir
du pays ; mais l'occupation avait pris alors en Algérie
une telle consistance et un tel développement, qu'il
courait forcément à sa perte. En effet, les dernières
tribus rebelles avaient été soumises par les lieutenants
de Bugeaud, qui, installé à Alger, s'occupait de régu-
lariser sa conquête et organisait le gouvernement militaire le plus absolu, agissant beaucoup plus selon ses
propres inspirations que selon les instructions de Paris, et surtout se souciant très médiocrement des res-
ponsabilités parlementaires qu'il faisait encourir à
son chef hiérarchique, le ministre de la guerre.

La réduction d'une des tribus rebelles fut malheureusement signalée par un acte de sauvagerie, qui
prouve que, dans les guerres éloignées, le sentiment
de l'humanité s'émousse et se perd chez les envahisseurs, qui prennent pour leur compte les habitudes les
plus farouches et les plus sanguinaires des peuplades
qu'ils doivent civiliser. La tribu des Ouled Rida s'était
d'abord soumise ; puis, obéissant aux suggestions
d'Abd-el-Kader, ils avaient de nouveau fait parler la
poudre contre les Français. Le colonel Pélissier, plus
tard maréchal de France et duc de Malakoff, fut chargé
de les châtier. Connaissant de réputation l'impitoyable
rigueur de Pélissier, les Ouled Rida se réfugièrent dans
les grottes de Dahira, qui à différentes reprises
avaient déjà servi à cet usage. Ils firent entrer dans

cet abri, qu'ils croyaient inviolable, leurs femmes, leurs serviteurs et leur principale sinon unique richesse, les bestiaux. Ne pouvant venir directement à bout des réfugiés, et exaspéré d'ailleurs par des coups de feu tirés sur ses parlementaires, le colonel Pélissier, obéissant à une idée vraiment infernale, résolut de les enfumer comme des renards pris dans leur gîte. On procéda avec une horrible précision. Des fagots furent placés, non sans peine, à toutes les extrémités, et malgré les efforts des Arabes qui, par les fissures des roches, tiraient des coups de fusil, le feu fut mis à ces paquets de bois. L'asphyxie commença à produire lentement ses effets; vers midi le feu s'étant éteint, on demanda de nouveau à ces malheureux s'ils voulaient se rendre. Il n'y eut pas de réponse; les fagots furent rallumés, on entendit des cris, des hurlements mêlés à des coups de fusil venant des entrailles de la montagne. Enfin il se fit un grand silence; le bois s'éteignit lentement et la fumée se dissipa.

On pénétra alors dans ces grottes. Plus de mille cadavres, dont la moitié horriblement calcinés, des bestiaux en putréfaction : tel fut le spectacle qui s'offrit aux yeux des soldats. Aujourd'hui encore le voyageur qui passe à portée de ces grottes de Dahira ne peut se défendre d'un frisson en songeant à cet horrible fait de guerre, un des plus atroces épisodes de la longue campagne d'Afrique. Peu de temps après cette sanglante exécution, qui marquera d'une tache indélébile le nom du maréchal Pélissier, Abd-el-Kader fut pris. L'émir errait dans le Maroc, la population se pressait sur son passage et l'acclamait. L'empereur Abder-Rhaman eut de l'ombrage, craignant sans doute qu'Abd-el-Kader ne fût tenté d'exploiter cette faveur populaire pour se tailler une souveraineté au Maroc, en remplacement de sa principauté algérienne, passablement compromise sinon irrémédiablement perdue.

Abder-Rhaman, décidé à se débarrasser de cet hôte importun et encombrant, lui ordonne de se jeter dans le désert; sinon il le livrerait à la France comme il s'y était d'ailleurs engagé par le traité de Tanger. A cette communication Abd-el-Kader s'empresse de répondre en lançant sa cavalerie sur les premières troupes du sultan qu'il rencontre; les anciens alliés d'Isly se battent avec acharnement, et comme les cavaliers d'Abd-el-Kader sont numériquement bien inférieurs à ceux du sultan, il est vaincu; accompagné de tout ce qui lui reste de son opulente smala et des nombreuses bandes qu'il commandait, il se réfugie en Algérie. La suite se rend au premier général français qu'elle rencontre.

Par une nuit froide de décembre 1847, il pleuvait à torrents et la tempête était déchaînée dans la montagne; une vingtaine de cavaliers, trempés jusqu'aux moelles, les vêtements en désordre et dont les chevaux écumaient, veulent s'engager dans le col de la Kerbouse dans la province d'Oran, un étroit défilé. Mais des coups de fusil partent à droite et à gauche; deux des cavaliers sont désarçonnés, un cheval est tué,

Les grottes des Ouled Rida.

le défilé est impraticable ; alors un des cavaliers crie
dans la nuit au hasard que la petite troupe est dis-
posée à se rendre ; aussitôt des spahis sortent de partout et entourent les prisonniers. On les conduit
au général Lamoricière, qui campe à quelque distance ; à la lumière des torches le général français reconnaît l'émir. Celui-ci demanda si l'on pouvait lui
permettre de se retirer en Syrie ; il protestait que son
rôle politique était terminé et qu'il n'avait d'autre ambition que de vivre en ermite à la Mecque, auprès du
tombeau de ce grand prophète dont il avait si longtemps tenu le drapeau.

Le général Lamoricière, bien que n'ayant aucun
pouvoir, crut devoir assurer à Abdel-Kader que ses
vœux seraient remplis et promit aussi, engagement
nullement téméraire celui-là, de prendre grand soin
des cavaliers qui constituaient l'escorte de l'émir. Ils
n'étaient plus qu'une soixantaine ; c'est ce qui restait
de toute l'armée de réguliers et de la nuée d'irrégu-
liers que l'ancien sultan de Mascara avait conduits
au feu.

Le lendemain, le duc d'Aumale débarquait à Djem-
mah Gazouat, petite crique de la province d'Oran;
depuis quelques mois seulement le fils de Louis-
Philippe remplaçait le maréchal Bugeaud comme
gouverneur général de l'Algérie, tandis que le prince
de Joinville était à la tête de la flotte. Le duc d'Aumale
aussi promit à Abd-el-Kader qu'il pourrait se retirer
librement à Saint-Jean-d'Acre ou à la Mecque. Cependant il se crut obligé de l'envoyer d'abord à Mar-

seille. Le gouvernement, en apprenant l'importante
capture qui venait de lui échoir, avait pris d'autres
dispositions. A peine le navire fut-il entré dans le
port, qu'un commissaire spécial, suivi de troupes, se
rendit à bord et fit faire voile sur Toulon. Là l'émir
fut enfermé au fort Lamalgue. Mais de même que la
chute du dey Hussein avait précédé de quelques
jours seulement celle de Charles X, la capture d'Abd-
el-Kader coïncida avec l'exil de Louis-Philippe.

La nouvelle république ne put se résoudre immédiatement à rendre la liberté à l'émir : on redoutait,
en ce moment de trouble profond, l'empire que, même
à distance, même résidant en Asie Mineure, il pourrait exercer sur ses anciens vassaux. Néanmoins un
adoucissement fut apporté à sa captivité. Des casemates du fort Lamalgue il fut transféré au château
d'Amboise, une des plus belles résidences historiques
de la France, située au milieu d'un de ces sites pleins
d'aménité, si doux à contempler, que la Loire ar-
rose. Pourtant il s'en fallait de beaucoup que dans
cette demeure superbe, abandonnée depuis longtemps, l'émir et son entourage vécussent en châte-
lains; on manquait de tout, et il fallait emprunter les
objets mobiliers les plus indispensables au concierge
et chez les paysans des environs. En 1852, Louis-Na-
poléon traversa le pays, alla voir l'émir à Amboise,
et apprit de sa bouche quelles promesses lui avaient
été faites. Quelques jours plus tard, l'émir recevait
l'avis qu'un bâtiment était à sa disposition pour le
transporter avec les autres captifs à Beyrouth, et

qu'une pension, fixée d'abord à 50,000 francs, mais qui dans la suite fut élevée au double, lui était assignée. Par cet acte de générosité, on mettait l'émir à l'abri des tentations qui peut-être auraient eu prise sur lui, s'il avait été dans le besoin.

Si réellement Abd-el-Kader avait accepté sa défaite avec la résignation du musulman; s'il était résolu désormais à renoncer à son grand rôle, cette rente, en le rendant indépendant, lui facilitait singulièrement, pour la tranquillité de la France en Afrique, l'accomplissement de ses bonnes intentions. Ajoutons qu'Abd-el-Kader se montra non seulement fidèle à ses engagements, mais qu'il fut aussi reconnaissant. Il le prouva de la façon la plus éclatante, lors du terrible réveil du fanatisme musulman qui eut lieu en 1860 dans le Liban. Des milliers de chrétiens périrent, et les massacres auraient pris des proportions plus terribles encore, si l'émir, retiré à Damas, n'eût donné asile dans sa propre maison aux victimes menacées par les yatagans des assassins, qu'égarait la fureur religieuse, et s'il n'eût usé de son prestige et de sa chaude parole pour arrêter ses coreligionnaires.

Les services rendus en cette occasion par l'émir furent hautement reconnus. Napoléon III lui envoya le grand cordon de la Légion d'honneur, et la plupart des souverains suivirent cet exemple. Cette distinction ne fit que rattacher davantage Abd-el-Kader à la France, et il ne négligeait aucune occasion de prouver ses sympathies pour ses anciens adversaires. Ayant eu, en 1863 ou 1864, à subir une avanie de la part du

khédive Ismaïl, il se réclama fièrement du consul de
France, comme protégé de ceux qu'il avait combattus.
La protection de la France, d'ailleurs, ne lui manqua
pas, et le khédive dut retirer l'ordre d'embarquement
qu'il avait signé contre l'émir, dont la popularité
parmi les Bédouins et les fellahs portait ombrage au
souverain de l'Égypte[1]. Abd-el-Kader, à cette époque,
avait visité, sur l'invitation de M. de Lesseps, les travaux alors en cours d'exécution du canal de Suez, et
c'est pendant cette promenade à travers le désert, où
s'élèvent aujourd'hui de florissantes cités nées d'hier,
que les manifestations flatteuses pour Abd-el-Kader
et déplaisantes pour Ismaïl s'étaient produites.

De cette époque aussi date la forte et solide amitié
entre M. de Lesseps et Abd-el-Kader. Le concours de
l'émir vint plus d'une fois en aide au « grand Français »
pour la réalisation de ses desseins, surtout quand il
s'agissait de vaincre les superstitions des Arabes et
le mauvais vouloir qui en résultait. C'est ainsi que,
tout récemment, Abd-el-Kader lança une proclama-
tion pour recommander très chaudement aux populations du désert de prêter leur appui à une compagnie
créée par le capitaine Roudaire, sous le haut patro-
nage de M. de Lesseps, pour la création d'une mer
intérieure en Afrique. Ce morceau, un mélange sin-
gulier, mais très juste, étant donné le caractère
arabe, de style ampoulé et mystique et de style com-

1. V. l ouvrage de notre collection intitulé *l'Égypte, la Tripoli-*
taine.

mercial positif, fut la dernière action publique de
l'émir. Peu de temps après, il expirait à Damas, fort
âgé, mais ayant gardé jusqu'à la fin une véritable vigueur du corps et l'intégrité de ses facultés mentales.
Des voyageurs qui l'ont visité peu de temps avant sa
mort s'extasiaient sur la belle prestance, la bonne
humeur et même sur l'appétit robuste de ce patriar-
che. Ses sentiments favorables à la France ont été
transmis, du reste, par lui à sa famille, qui en retour
continue de toucher une partie de la pension accor-
dée à l'ancien vainqueur de la Mactah.

X

L'ALGÉRIE APRÈS LA PRISE D'ABD-EL-KADER. — LES
GUERRES CONTRE LES KABYLES. — LE SOULÈVE-
MENT DE 1864. — LA FAMINE DE 1867. — LES
SAUTERELLES. — L'INDIGÉNAT DES JUIFS. — LES
GOUVERNEURS GÉNÉRAUX MILITAIRES ET CIVILS
DE LA RÉPUBLIQUE.

L'émir embarqué pour la France, le duc d'Aumale
dut, bientôt après, céder le commandement au général
Changarnier, comme, dix-huit années auparavant,
Bourmont l'avait remis à Clauzel. Il y eut alors quelque répit en Algérie, sauf des escarmouches insigni-
fiantes sur les confins du désert. La révolution de
1848 eut cet effet d'attirer enfin l'attention et la sollicitude de la métropole sur la population civile européenne du pays, qui, jusqu'à ce moment, avait été
regardée comme un champ de manœuvres, une pépi-
nière de colonels et de généraux. Ces colons qui, en

trop petit nombre, obéissant aux inspirations de leur humeur entreprenante, ou désireux de recommencer une carrière gâtée ou brisée dans la mère patrie, ces colons sur lesquels reposait l'avenir et la prospérité de ce pays, que la France avait arrosé du sang de ses soldats pendant dix-huit années, ces colons n'avaient aucune existence propre, ni politique ni civique. Ils étaient ce que l'autorité militaire voulait qu'ils fussent ; on les regardait avec dédain ; ils n'étaient pas considérés comme de courageux et utiles pionniers, mais comme des marchands ambulants et forains, comme des *mercantis* qui suivaient l'armée, afin de spéculer sur les officiers. Et pourtant elle était dure à cette époque et même semée de périls, la vie du colon algérien. Tout était à créer, tout était à défricher, et il fallait arracher à la terre avare les moindres fruits à la sueur de son front. Sans compter les bêtes fauves qui dévoraient les troupeaux, et les Arabes bédouins et kabyles qui attaquaient de nuit les habitations isolées, et contre lesquels il fallait faire le coup de feu, on avait à craindre les zéphyrs des compagnies de discipline, toujours prêts à jouer les tours les plus pendables, les aventuriers, les malandrins, ceux qu'on appellerait aujourd'hui les récidivistes, et mille autres maux encore. La révolution de 1848 accorda enfin une place au soleil et le droit d'existence à cette première colonie algérienne. Elle fut affranchie du dur régime du sabre et placée sous l'autorité de préfets qui résidaient à Alger, Oran et Constantine. En outre, ses

intérêts étaient défendus à l'Assemblée nationale par
trois députés; enfin, l'Algérie civile, l'Algérie, pays
de ressources agricoles, commerciales et industrielles, devint populaire. Les colons, — sans parler des
transportés de juin, — débarquèrent plus nombreux;
les voyageurs explorateurs ou simples touristes se
multipliaient, et, au retour, mettaient l'eau à la bouche
à ceux qui les entendaient parler de ce pays qui, à
la condition de jouir de la paix et d'une bonne administration, était une terre promise. Les journaux
étaient remplis de récits de ces touristes littéraires;
enfin les publications illustrées commençaient à pro-
pager les sites, les façades, les constructions et les
types arabes.

Mais cette quiétude ne pouvait convenir à l'élément
militaire, dont la domination n'était indispensable
qu'en temps de guerre, de troubles et d'expéditions.
Le général de Saint-Arnaud, destiné à coopérer,
comme on sait, au coup d'État, se fit la main sur
les Kabyles avant de mitrailler les Parisiens sur les
boulevards. D'ailleurs, pour battre en brèche le prestige de ceux que Victor Hugo, dans *les Châtiments*,
appelait les vieux chefs africains, appartenant tous
à l'opposition, le président voulait donner à ses dévoués des lauriers à cueillir sur cette terre où les
Bedeau, les Cavaignac, les Changarnier, s'étaient
illustrés. En juillet 1851, le général Saint-Arnaud,
à la tête d'une trentaine de mille hommes, sortit de
Djellis et de Bougie pour conquérir la Kabylie, dont
les habitants n'étaient alors qu'indirectement soumis

à la France. C'étaient, en somme, à moitié des vassaux, à moitié des alliés, précieux surtout par la neutralité qu'ils observaient pendant les grands mouvements belliqueux des Arabes. Abd-el-Kader s'était rendu chez eux en personne pour tâcher de les soulever; il fut bien reçu, mais on lui refusa le concours qu'il sollicitait; les montagnards avaient un culte farouche de l'indépendance : ils n'admettaient pas davantage la suprématie de l'émir que celle de la France. Cette attitude facilita beaucoup la défaite définitive de l'émir et économisa à la France de longues années de lutte. Les Kabyles furent mal récompensés de ce service. En 1845, le maréchal Bugeaud envahit leurs villages, qui furent brûlés ou méthodiquement détruits; les récoltes sur pied furent anéanties et les oliviers, la principale richesse du pays, coupés jusqu'à la racine. Saint-Arnaud ne pouvait que suivre les traditions de Bugeaud : la campagne dura quatre-vingts jours; les Kabyles, aidés de leurs femmes, se défendirent en désespérés, et, pendant la première période, tuèrent beaucoup de monde. L'exaspération des soldats n'en fut que plus grande, et la guerre prit de plus en plus un caractère sauvage. Les femmes ayant pris part à la défense furent sacrifiées comme leurs pères et leurs maris, et on cite des faits de cruauté qui prouvaient qu'au contact des demi-barbares les soldats de l'armée d'Afrique avaient, eux aussi, été pris de cette folie de sang qui dure plus longtemps que la bataille et même que la victoire. Mais Saint-Arnaud, ayant ac-

quis le titre de « vainqueur de la Kabylie », put être
promu ministre de la guerre et parler avec une certaine autorité aux soldats appelés à réaliser les projets de Louis Bonaparte.

La Kabylie avait été ravagée ; ses populations su-
perstitieuses commençaient à croire qu'il était écrit
« que les Français devaient être leurs maîtres ». Mais
enfin la conquête n'était pas complète ; la guerre de
Crimée, où l'armée d'Afrique montra de si grandes
qualités et où l'on acquit la preuve que les auxiliaires
indigènes étaient des troupes sûres en Europe, fit
ajourner la conquête définitive. En 1857, le général
Randon, gouverneur général, qui déployait comme
tel un grand faste, obtint l'autorisation d'agir. Il partit avec un matériel de siège, et son armée comptait
35,000 hommes. L'aspect seul de cette force formidable à leurs yeux confirma les Kabyles dans l'idée
que « c'était écrit » ; la résistance fut molle et bientôt
suivie de la soumission complète. La construction du
fort National fut le symbole vivant de la suprématie
française.

L'autorité militaire, qui depuis 1852 avait repris
ses pleins pouvoirs sur l'Algérie, se mit alors à organiser la Grande-Kabylie, et, il faut lui rendre cette
justice, elle respecta suffisamment ce que les mœurs,
les lois particulières et les coutumes de ces montagnards avaient de particulier. On maintint les *Cofs*
ou confédérations de tribus réunies par la même origine, et on laissa les assemblées populaires, les *Landsgemeinde,* comme on les appellerait en Suisse, décider

de toutes les questions communales. On continua
même à compter les habitants par « fusils », reconnaissant ainsi le caractère belliqueux de cette race, où
celui-là seul qui était capable de faire « parler la
poudre » comptait pour une unité. Il est vrai qu'on
avait pu se rendre compte que les femmes étaient tout
aussi désireuses et tout aussi habiles à manier les
armes à feu que les hommes. En revanche, l'autorité
française fit des efforts pour extirper la sauvage coutume de la vendetta, qui décimait ce pays, comme naguère encore elle ravageait la Corse. Nous avons déjà
vu que le code en vigueur chez les Kabyles était, en
somme, très anodin et qu'il se bornait à punir de l'a-
mende la plupart des délits. Mais de même que dans
le *Farwest* américain la sauvage loi du lynch suppléait
à la mollesse des juges ordinaires ou aux lacunes du
code, de même la vendetta permettait à tout individu
de venger l'offense qui lui avait été faite ; et comme
les parents de la victime se considéraient aussi insul-
tés, ces actes de *self-justice* décimaient sans fin la
population et portaient chaque année le deuil et la
désolation dans bien des familles. Le supplice sauvage, et venu en droite ligne de la Bible, consistant
à lapider les plus grands criminels, est attribué aussi
au désir de restreindre la vendetta. Le supplicié suc-
combait sous les pierres lancées par la tribu entière,
de sorte que l'on ignorait quelles mains avaient pré-
cisément lancé le projectile mortel et décisif. De cette
façon, les parents du criminel ne savaient à qui s'en
prendre.

Une coutume aussi touchante que la vendetta est terrible, c'est l'*anayé*. La véritable signification de ce mot est *talisman*. Comme objet, il peut désigner une fleur, une amulette, un signe quelconque, qu'un Kabyle, homme ou femme, a remis à un ami pour le préserver de tout danger. Et l'effet de cet **anayé** est infaillible. Celui qui le possède peut voyager à travers toute la Kabylie sans un liard dans sa poche. Cette recommandation lui ouvrira tous les gîtes, lui donnera sa place à tous les repas. Si la guerre éclate; si, dans la fureur de la lutte, comme cela arrive si souvent, les ennemis se refusent tout quartier et toute merci, le blessé n'aura qu'à montrer l'anayé pour que le cimeterre prêt à couper la tète rentre dans le fourreau, pour que le fusil sur le point de partir s'abaisse. Jamais il n'est arrivé à un **Kabyle** de faillir à l'anayé. Insistons sur ce point, car il plaide éloquemment la cause de ces montagnards qui, depuis le début de la conquête, ont été fort rudement traités, et que peut-être on pourrait s'attacher en développant les nobles instincts qui vivent en eux et que les voyageurs devenus leurs hôtes proclament hautement. La conquête de la Kabylie valut à « Sidi Randon », comme l'appelaient obstinément les gens du Djurjura, le maréchalat, et bientôt il fut rappelé en France. On voulait alors essayer de rattacher dictatorialement l'Algérie à la France, comme, en 1848, on l'y avait rattachée parlementairement. L'idée était attribuée au prince Napoléon, et on le chargea de l'exécuter comme ministre de l'Algérie et des colo-

nies. Il y eut beaucoup d'arrêtés, d'ordonnances et
de décrets rendus par l'Altesse, mais on n'eut pas le
temps de les mettre à exécution. Les généraux considéraient par trop l'Algérie comme leur domaine ;
ils étaient trop influents à la cour pour ne pas battre
en brèche la combinaison ; un décret enterra le ministère d'Algérie, qu'un décret avait appelé à la vie.
L'élément militaire reprit possession de la colonie,
et, pour bien marquer le caractère de cette restauration, le gouvernement général fut confié au chef
dont la poigne était rude entre toutes, au maréchal
Pélissier.

L'année 1864 fut des plus mouvementées dans la
colonie. Un caïd appartenant à une famille qui avait
reçu l'investiture en France, Si-Sliman, parvint à soulever une foule de tribus qui lui obéissaient aveu-
glément. Le grand feudataire arabe avait un affront
personnel sur le cœur. Le colonel Beauprêtre l'avait
souffleté dans un moment d'irritation et au cours
d'une de ces discussions qui n'étaient que trop fré-
quentes entre officiers français et chefs arabes. Si-
Sliman tomba à l'improviste sur le campement du
colonel et le tua de sa main. Les troupes vengè-
rent immédiatement la mort de leur chef et Si-Sliman
fut tué à son tour ; mais ses parents, que la faveur
de la France (on espérait s'en faire des alliés) avait
élevés et revêtus d'une grande autorité, mirent en
feu la province d'Oran tout entière. La sécurité publique y était nulle, et l'audace des insurgés grandit
encore à la suite de plusieurs échecs que subirent

les troupes françaises chargées de la répression. A partir de ce moment jusqu'en 1870, il y eut un continuel échange de coups de fusil et de razzias. L'armée ordinaire d'Afrique, dont une grande partie avait été envoyée au Mexique, était devenue insuffisante ; il fallut porter l'effectif à cent mille hommes, et l'on commençait à se demander en France si cette terre, si peu conquise et réclamant tant de sacrifices, était d'un réel profit pour la métropole. D'autres calamités surgirent avec les rébellions. En 1866 des nuées de sauterelles ravagèrent les champs ; ce n'étaient pas par milliers, mais par millions que ces insectes voyageaient. Ils dévastaient tout, les blés, les orges, les vignes ; souvent dans la campagne des tourbillons épais s'élevaient tout à coup, le ciel en était obscurci : on eût dit une éclipse subite de soleil. Le voyageur, surpris, s'apercevait bientôt que ce tourbillon, qu'il prenait pour de la poussière noirâtre soulevée de terre, était animé, vivant et grouillant ; mille piqûres cruelles l'en avertissaient : c'était un nuage de sauterelles en marche ; on a vu de ces lourdes diligences algériennes, véritables monuments sur roues, traînées par cinq vigoureux chevaux, rester en détresse, l'attelage ne pouvant plus s'avancer au milieu de ces animalcules dont ils étaient environnés. Les désastres causés par cette plaie, que l'on croyait une légende inventée par les auteurs de la Bible, furent incalculables ; la récolte entière se trouva perdue. L'année suivante une sécheresse complète compliqua la misère, et une famine épou-

vantable se déclara. Les Européens ne s'en ressenti-
rent que par suite du renchérissement des denrées ;
mais les indigènes mouraient au milieu des plus horribles tourments. Aucune mesure n'avait été prise
pour les préserver, et bien que la famine se fût annoncée par une foule d'indices et de symptômes, on
ne semblait pas avoir cru un seul instant qu'elle se
produirait et qu'elle atteindrait une intensité semblable. Cette force d'inertie, que l'on avait si souvent blâmée et déplorée chez les musulmans, était
devenue contagieuse, et elle s'était transmise aux
maîtres civilisés, aux dominateurs du pays.

Paris présentait alors le spectacle splendide de l'ex-
position de 1867 ; l'Algérie elle-même figurait avec
honneur au Champ de Mars, et pour la première fois
les ressources agricoles et industrielles de la colonie
étaient révélées et constatées. C'est au milieu des
fêtes brillantes provoquées par l'affluence de l'Europe
entière et la visite d'une multitude de souverains, que
l'on apprit que dans cette colonie dont on vantait les
ressources et l'avenir, des milliers de misérables mouraient de faim, non pas au figuré, mais littéralement. Les chefs militaires d'Alger sentaient bien leur
responsabilité ; ils se doutaient bien que cette fois la
grandeur du désastre, l'immense nombre des victimes, provoqueraient des recherches et des enquêtes
dont ils ne sortiraient pas blancs : ils s'efforcèrent de
mettre la lumière sous le boisseau, et les journaux
qui relataient des faits malheureusement trop vrais
furent censurés, avertis ou suspendus. Les démentis

Le régiment des dromadaires pendant l'insurrection de 1870.

pleuvaient, et dans les rapports adressés au souverain
le gouverneur et ses subordonnés faisaient les plus
ingénieuses tentatives pour atténuer sinon pour nier
le mal. Ils traitaient d'exagérations et d'inventions
suggérées par l'esprit de critique et de dénigrement
systématiques les récits peignant la misère épouvantable des Arabes. Or, il s'éleva une voix autrement
écoutée aux Tuileries que celle des écrivains de la
presse locale, la voix de l'archevêque d'Alger, qui
adressait un suprême appel à la charité des chrétiens en faveur des musulmans, traça le tableau de
cette épouvantable famine. Alors il n'y eut plus ni
doute ni démenti; l'opinion publique s'émut; on prit
en pitié ces pauvres indigènes, que la tutelle d'un
grand État ne préservait pas du manque de pain,
le gouvernement, agissant sous l'impulsion de l'opinion publique, décida l'envoi d'une commission d'enquête. Le comte Le Hon, un gentleman fermier très
entendu en matière d'exploitation agricole et connaissant parfaitement l'Algérie, fut l'âme de cette
enquête, et rédigea un long rapport, dont les con-
clusions n'étaient rien moins que favorables au système militaire et surtout à ces bureaux arabes dont
le nom seul, depuis la malheureuse affaire du capitaine Dronmeau, inspirait une répulsion instinctive.
Le Corps législatif allait discuter le rapport Le Hon
et peut-être proclamer le gouvernement civil de l'Algérie, quand survint la candidature Hohenzollern et
tout ce qui s'ensuivit.

Pour la troisième fois, la population indigène de

l'Algérie fut appelée à coopérer à la défense du drapeau français et sur le continent européen. Il se produisit même un fait étrange ou tout au moins curieux. L'année 1870 avait commencé assez chaudement, des insurrections de tribus avaient eu lieu dans la province de Constantine et surtout dans celle d'Oran. Des engagements meurtriers eurent lieu; bref, l'état de guerre régnait dans la moitié de la colonie. Eh bien, lorsque la nouvelle de la déclaration de guerre fut connue et lorsqu'on sut que des contingents africains seraient embarqués, le calme se rétablit et nul ne songeait, à ce moment-là, à profiter de l'absence de l'armée qui était chargée de garder la colonie d'Afrique.

Il fallut non seulement les désastres, mais le retour dans leur pays de certains chefs prisonniers de l'ennemi pour fomenter une nouvelle et terrible révolte.

Dès que le gouvernement du quatre septembre fut installé, il s'occupa beaucoup de la colonie, à la fois des colons et des indigènes. Un simple décret abolit le gouvernement militaire et confia le gouvernement général à M. du Bouzet; un autre décret, émanant de l'initiative de M. Crémieux, conférait la grande naturalisation des Israélites nés en Algérie. Cette population, opprimée et pillée par les Turcs et les Arabes, avait hautement manifesté ses sympathies pour la France dès le début de la conquête, et le décret de M. Crémieux en supposant même que les sympathies bien naturelles de son auteur pour ses coreligionnaires l'aient inspirées en partie, était donc une œuvre de justice et de récompense légitime, qui produisit d'ailleurs d'excellents effets immédiats et valut dans le monde entier de vives sympathies à la France. On en eut la preuve lors de l'émission du grand emprunt, qui permit de racheter plus rapidement qu'on ne l'espérait le territoire occupé par l'ennemi.

XI

L'ALGÉRIE CIVILE. — GOUVERNEMENT DE M. ALBERT
GRÉVY. — LA REMISE DU POUVOIR. — LA CARA-
VANE PARLEMENTAIRE DE 1879.

Pendant la période de 1871 à 1879, l'Algérie fut régie
par un régime douteux qui eut les inconvénients inhé-
rents de tout système bâtard et dont les véritables
tendances ne sont pas nettement avouées. En principe, le gouvernement civil fut admis, mais son
exercice fut confié à de hauts militaires tels que
l'amiral Gueydon et le général Chanzy. Ce n'était plus
tout à fait le gouvernement général absolu et despoti-
que tel que le comprenaient les Pélissier ou les Randon, puisque son exercice était tempéré par le con-
trôle du parlement, dont le général Chanzy lui-même
était un des membres les plus distingués et des plus
actifs, mais ce n'était pas encore le régime véritable-

ment civil, tel que le réclamaient les colons ; c'était
surtout la domination en pays indigènes de ces bureaux arabes trop fameux et dont la réhabilitation semblait chose impossible. Le mécontentement des colons
fut d'autant plus grand ; leurs réclamations s'accen-
tuèrent d'autant plus, que vers la fin le général Chanzy
semblait pencher du côté des Arabes, au point d'y ver-
ser entièrement. Tandis que les relations avec les autorités municipales représentant les colons laissaient
souvent à désirer, il était entouré d'hommages de la
part des chefs arabes, qui, à l'occasion d'un événement
de famille, envoyèrent ou apportèrent eux-mêmes au
palais du gouvernement l'expression de leur dévoue-
ment accompagné de précieux cadeaux. En même
temps une véritable camaraderie s'établissait entre
les chefs indigènes pourvus de grands commandements
et les officiers des bureaux arabes. On eût dit qu'ils
considéraient leur cause comme solidaire et que la
mésaventure qui se préparait : l'avènement du régime
civil, les atteindraient tous deux. Cette grande réforme
date de l'avènement de M. J. Grévy à la présidence
de la république. Désormais, pour nous servir d'une
parole célèbre, le régime civil deviendrait une vérité
puisqu'il allait être appliqué, non plus par un général ou un amiral, mais par un administrateur en
redingote.

Cet administrateur, les groupes de la majorité au
Parlement et les pétitions venues de la colonie même,
le désignèrent avec unanimité : c'était le frère même
du nouveau président de la république, M. Albert

Grévy, dont le talent de parole, la science judiciaire étaient depuis longtemps remarqués. Après avoir longtemps hésité, prévoyant les difficultés qu'il allait avoir à vaincre, se rendant bien compte des attaques auxquelles l'exposerait sa position de frère du chef de l'État, M. Albert Grévy se rendit et partit pour l'Algérie.

Différents partis, différents groupes l'attendaient déjà avec leurs projets et leurs panacées plus ou moins efficaces ; chacun espérait que ses idées seraient acceptées de confiance par le nouveau chef de la colonie. Mais M. Albert Grévy s'isola de tous ces conseillers bénévoles et de tous les auteurs de projet ; enfermé dans le palais de Mustapha, il étudia à loisir les pièces et les documents innombrables capables de l'éclairer sur la véritable situation, les véritables besoins et les vrais intérêts du pays, envisagés au point de vue général et non au point de vue de telle ou telle coterie.

Néanmoins il prit dès l'abord une décision très importante ; il exigea que les rapports des militaires qui administraient le territoire indigène fussent adressés, non pas à leur chef hiérarchique, le commandant en chef des troupes de terre, mais à lui, le gouverneur général. De cette manière il avait réellement en mains la direction entière de toute la colonie ; et l'espoir caressé par quelques adversaires du système civil de soustraire à l'autorité de l'*administrateur en redingote* la partie du territoire régie par les bureaux arabes fut déçue.

Les études et les travaux préparatoires étaient à peine achevés quand l'Algérie reçut la visite de ce que l'on appela alors, en se servant d'une expression locale qui exclut toute idée de comparaison fâcheuse « la caravane parlementaire ». C'était une réunion de sénateurs et de députés, une trentaine environ, accompagnés de quelques journalistes, qui, désireux d'étudier sur place un pays que l'on connaissait en somme fort peu, et sur lequel ils seraient souvent appelés à légiférer, voulaient se rendre compte de ce qu'était cette France d'Afrique qu'une grande nappe d'eau séparait de l'autre France. La caravane fut, pour des raisons locales, assez médiocrement accueillie à Alger, même lors de son premier séjour. La patience n'est pas une des vertus principales des colons, et l'on aurait voulu connaître, palper et apprécier au bout de quelques mois les résultats du régime civil. Cette mauvaise humeur, qui atteignait en première ligne le gouverneur, fut reportée sur ses collègues du parlement. Mais la caravane ne fit que toucher la capitale de la colonie et se mit en route pour Bône, où la réception fut d'autant plus chaleureuse, qu'elle avait été froide à Alger. M. Albert Grévy, gouverneur général de la colonie, prononça un très long discours qui fut considéré, à très juste titre, comme le programme du gouvernement dont il était le nouveau chef. Cette première manifestation publique du nouveau gouverneur fut accueillie avec confiance et satisfaction ; on la regarda comme une preuve que les études théoriques que l'on reprochait à M. Albert Grévy de pousser avec trop de soin ne tarderaient pas à se traduire par des faits. Et cette promesse a été tenue, bien que le temps ait été mesuré à M. Albert Grévy et qu'il n'ait pu que commencer à mettre son programme à exécution. La transformation de la colonie militaire en une colonie civile toute nouvelle, régie d'après les mêmes principes que la métropole, s'achève et maintenant que la possession n'est plus contestée et ne peut plus l'être, l'Algérie devient tous les jours davantage un prolongement et un précieux grenier de réserve pour la France, sans préjudice de la réalisation des projets aujourd'hui un peu chimériques de la mer intérieure de l'Afrique et du chemin de fer saharien.

Chimères aujourd'hui, mais le seront-elles toujours? le seront-elles même demain? C'est là ce qu'il faut examiner en dehors des tendances du moment et des préjugés, surtout quand il s'agit de contrées comme l'Algérie, qui sont par excellence des pays d'avenir.

FIN

TABLE DES MATIÈRES

Pages.

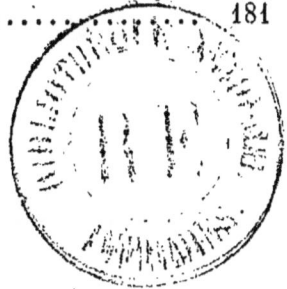

SOCIÉTÉ ANONYME D'IMPRIMERIE DE VILLEFRANCHE-DE-ROUERGUE
Jules Bardoux, directeur.